beck'sche
reihe

b

Das «Buch der 24 Philosophen» ist einer der geheimnisvollsten und wirkungsmächtigsten philosophischen Texte des Mittelalters. Angeblich geht das Buch auf Hermes Trismegistos zurück. Doch wahrscheinlich stammt es aus dem 12. Jahrhundert. Auf die Frage «Was ist Gott?» geben vierundzwanzig philosophische Meister eine Antwort. Die 24 Definitionen (z. B. «Gott ist eine unendliche Sphäre, deren Mitte überall und deren Umkreis nirgends ist») haben das philosophische und spekulative Denken durch viele Jahrhunderte bis in unsere Zeit angeregt. Kurt Flasch hat diesen Klassiker erstmals ins Deutsche übersetzt und in diesem Band kommentiert herausgeben.

Kurt Flasch, geb. 1930, gilt als der bedeutendste deutsche Historiker mittelalterlicher Philosophie. Seit über einem halben Jahrhundert hat er zahlreiche gelehrte Studien vorgelegt, von denen viele zu Standardwerken des Faches geworden sind. Seine Einführungen in die mittelalterliche Philosophie haben dieses Feld auch einem breiten Publikum erschlossen. Bei C.H.Beck ist von ihm zuletzt erschienen: *Meister Eckhart. Philosoph des Christentums* (2010).

Kurt Flasch

Was ist Gott?

Das Buch der 24 Philosophen

Lateinisch – Deutsch
Erstmals übersetzt und kommentiert
von Kurt Flasch

Verlag C.H.Beck

1. Auflage. 2011

Originalausgabe

2., durchgesehene Auflage. 2011
© Verlag C.H.Beck oHG, München 2011
Umschlagabbildung: Macclesfield Psalter, 14. Jh., Fitzwilliam Museum,
University of Cambridge, © Bridgeman
Umschlagentwurf: malsyteufel, Willich
Satz, Druck u. Bindung: Druckerei C.H.Beck, Nördlingen
ISBN 978 3 406 60709 7
Printed in Germany

www.beck.de

Inhalt

Vorwort

I. Einleitung: Poetisch-rationale Theologie   11

II. Der Text. Übersetzt und erklärt   24

III. Die Theosophie des Liber bei Meister Eckhart   77

IV. Nicht nur Definition II: Thomas Bradwardine   89

V. Strittige Deutungen. Zur Forschungsgeschichte   102

VI. ‹Gott im Mittelalter› – Eine kulturhistorische Betrachtung   113

VII. Bibliographische Hinweise   118

Vorwort

Der Text, den ich hier zusammen mit der ersten deutschen Gesamtübersetzung und Erklärung vorlege, *Das Buch der 24 Philosophen*, ist, umgangssprachlich ausgedrückt, wohl das Originellste, um nicht zu sagen: das Verrückteste, was sich in einer mittelalterlichen Handschriftensammlung finden lässt. Der Text ist exzessiv eigensinnig, ein Ausbund spekulativer Theosophie. Er hat intensiv fortgewirkt in der Geschichte der Philosophie, der Theologie und der Naturwissenschaften. Dabei ist er kurz, andeutend und dunkel; er nährt das Denken und beflügelt die Phantasie. Ihr überlasse ich mich für einen Augenblick. Ich lasse mir Zeit mit gelehrten Korrekturen und stelle mir einfach einmal vor:

Ein orientalischer Palast, umgeben von Gärten und Wasserspielen, farbig und feinziseliert wie die Alhambra. Hier residiert, denke ich mir, der Kalif, gebildet und neugierig wie Saladin, aber knapp an Geld und vor allem an Zeit, eben wie Saladin. Aber er will wissen, was Gott ist. Er weiß, dass es darüber Streit gibt, der das Zusammenleben zerstören kann. Er ruft die Philosophen seines Landes zusammen, und jeder soll sagen, was bei seinem Nachdenken herausgekommen ist. Er kennt seine Philosophen; er weiß, dass sie gerne viele Worte machen. Ihn drängen Regierungsgeschäfte. Deswegen befiehlt er, jeder Philosoph dürfe nur mit einem einzigen Satz antworten, den sein Schreiber notiert.

So oder ähnlich könnte *Das Buch der vierundzwanzig Philosophen* zustande gekommen sein. Stammt es aus der arabischen Welt? Kommt es auf dem Weg über die Araber aus dem alten Griechenland? Jedenfalls las man im lateinischen Westen seit etwa 1200 die vierundzwanzig Gottesdefinitionen in lateinischer Sprache, oft zusammen mit einem wortkargen, fremdartig klingenden Kommentar. Diesen Kommentar und die Definitionen lege ich hier vor, übersetzt und erklärt.

Über ihre Herkunft werde ich die Zahl der Hypothesen nicht vermehren. Ich suche ihren Inhalt: Was war da gedacht? Zu ihren sog. ‹Quellen› gibt es die Untersuchungen von Clemens Baeumker, Dietrich Mahnke, Alexandre Koyré, Françoise Hudry, Paolo Lucentini und Zeno Kaluza.[1] Der Text selbst zitiert nichts. Daher sind alle Quellenhinweise hypothetisch. Ich werde nicht weiter in diese Richtung argumentieren.[2] Ich beachte dankbar ihre Hinweise, aber verhalte mich deskriptiv und versuche, den Gedanken jeder These herauszuarbeiten. Ich vermeide, bei den ersten beiden berühmten Sprüchen zu enden und die große Wirkungsgeschichte zum dritten Mal zu erzählen. Mir geht es um die Philosophie der vierundzwanzig Denker. Was sagen sie? Zeigt ihr Text eine einheitliche Konzeption oder nicht?

Die genannten Spezialisten, vor allem Dietrich Mahnke und Alexandre Koyré, haben die außergewöhnliche Wirkung des *Buchs der 24 Philosophen* für Kosmologie und Wissenschaftsgeschichte der frühen Neuzeit belegt. Sie haben fundamentalphilosophische Fragen zurückgestellt und kaum oder gar nicht beachtet, dass es in dieser Wirkungsgeschichte im 14. Jahrhundert zu einer Verzweigung kam, deren Gründe und Anlässe die intellektuelle Situation ihrer Jahrzehnte treffend beleuchtet; ich untersuche sie bei Meister Eckhart und Thomas Bradwardine. Danach werfe ich einen Blick auf die kontroverse Forschungsgeschichte und komme damit in die Gegenwart zurück. Ich schließe mit einer kulturhistorischen Überlegung zu ‹Gott im Mittelalter›.

Das Buch der 24 Philosophen ist eines der schönsten und folgenreichsten Dokumente der europäischen Theosophie. Es hat spekulativ-imaginativ die Kosmologie der frühen Neuzeit angeregt; es lehrte das Denken des Unendlichen; es sprach die Einsicht aus, Nichtwissen sei das wahre Wissen. Das kurze Buch hat Meister Eckhart, Nikolaus von Kues, Giordano Bruno und Gottfried Wilhelm Leibniz beeinflusst. Die zweite der vierundzwanzig Definitionen bringt das Bild der unendlichen Kugel, deren Mittelpunkt überall ist. Dieser Metapher stand eine fast unendliche Karriere bevor; sie förderte neue Raumkonzeptionen und fand den Weg in die Literatur, die Kosmologie und Philosophie der Moderne. Mit dieser Kugel spielten Poeten-Philosophen wie Jorge Luis Borges und Harry Mulisch.

Einige Autoren des Mittelalters haben *Das Buch der vierundzwanzig Philosophen* Hermes zugeschrieben. Sie erhöhten damit sein Prestige und hielten den fremdartig-alten Eindruck fest. Hermes der Dreimalgrößte galt als der erste Weise in grauer Vorzeit. Von ihm, sagte man, hätten sowohl Moses wie Platon ihre Weisheit empfangen. Er war der Repräsentant der uralten Menschheitsüberlieferung. Sie sollte auf die Belehrungen zurückgehen, die Adam von Gott selbst erhalten habe. Die historische Forschung hat diesen Hermes entmythologisiert: Hermes Trismegistos war eine literarische Fiktion, mit deren Hilfe man neoplatonisierende Texte der Spätantike in die gottnahe Vorzeit zurückdatierte. Für moderne Historiker gehört unser Buch nicht zu den hermetischen Schriften.

Vierundzwanzig Philosophen definieren ‹Gott›. Sie sind keine Theologen im Sinne der Bibel- oder Koranforscher; sie berufen sich auf keine Autorität. Sind ihre Gottesbegriffe christlich? Ist der Text aus dem Griechischen übersetzt? Handelt es sich vielleicht um eine Kompilation griechischer, arabischer und christlicher Thesen, die in der zweiten Hälfte des 12. Jahrhunderts zusammengestellt wurde? Sind sie untereinander kohärent? Die ungemein gelehrte französische Herausgeberin, Françoise Hudry, die den Text zweimal ediert hat, ließ 1997 die Schrift in Alexandria im dritten Jahrhundert entstanden sein und fand in ihm Fragmente der verlorengegangenen Schrift des Aristoteles *Über die Philosophie*.[3] 2009 schrieb sie das Buch dem römischen Rhetor Marius Victorinus zu, der im vierten Jahrhundert aus griechischen Vorlagen, besonders aus Aristoteles, aus Philon, Plotin und Porphyrios sowie aus den alttestamentlichen Weisheitsbüchern geschöpft habe, um mit rein philosophischen Argumenten die als häretisch geltende Trinitätslehre des Arius zu bekämpfen. Sie glaubt, den Text datieren zu können, und zwar auf die Jahre 355 bis 358. Dies sind interessante Hypothesen, die mir bei dem Charakter des Textes unentscheidbar scheinen. Ich befasse mich lieber mit der Frage, ob Heinrich Denifle, der den Text bei seinen Studien zu Meister Eckhart entdeckt hatte, Recht damit hatte, dass er ihn ein «nichtssagendes Stück» nannte.

Die Übersetzung folgt der kritischen Ausgabe des lateinischen Textes der mittelalterlichen ‹Normalfassung›, *Liber viginti quattuor philosophorum,* 1997 besorgt von Françoise Hudry,[4] zu der ich durch die Entdeckung der Handschrift II 234 der Stadtbibliothek Mainz beitragen konnte. Es handelt sich um kleine Pergamentblätter, keine Prachthandschriften, keine offiziellen Universitätstexte. Diese unscheinbaren Merkzettel mittelalterlicher Leser geben zu denken.

Die erste Fassung meiner Übersetzung der vierundzwanzig Sprüche – noch ohne den alten Kommentar – ist in der Pfingstnummer der FAZ von 1997 erschienen. Sie löste damals ein lebhaftes Echo aus. Sie hat Peter Sloterdijk bei der Abfassung seiner *Sphären* begleitet. Der Text hat Wolfgang Rihm zu seiner gleichnamigen Komposition *Quid est Deus* angeregt. *Das Buch der 24 Philosophen* wirkt noch in die Gegenwart.

Mainz, im Herbst 2010   *Kurt Flasch.*

I. Einleitung:
Poetisch-rationale Theologie

1. Bilder, Metaphern

Vielleicht liest in Zukunft jemand diesen großen kleinen Text als Poesie. Er erzählt. Er fingiert eine ungewöhnliche Situation: Philosophen haben soeben ihre Diskussionen beendet und entdecken am Ende, dass sie über Gott keine gemeinsame Ansicht haben. Sie verabreden eine Denkpause. Bei einem erneuten Treffen soll jeder Philosoph mit einem einzigen Satz sagen, was Gott ist. Schon diese Szene ist romanhaft schön. Dazu fallen einige rare Metaphern ins Auge; sie sind wahre Schmuckstücke der Poesie: Gluthauch (I), Kugel (II) und Zentrum (II und X), das im Zentrum der Kugel eingekerkte Nichts (XIV), das Licht, das sich reflektiert (XXIV) und multipliziert (XXIV). Neben fremdartigen Ausdrücken wie ‹Sichverwörtlichen› (*se verbificare*; IV) stehen einfache Bilder wie ‹Weg› (XV), ‹Fluss› (VI und XXIII), ‹Quelle› (VIII) und ‹Grenze› (X und XI). Der ‹Hauch› im Kommentar zu IV lässt wie aus der Distanz einen Anklang hören an die christliche Theologie des Heiligen Geistes. Ohne deren Kenntnis wirkt er bezugslos, ebenso wie das Wort ‹Lebensspender› (*vivificator*; XXII). Thesen und Kommentar erinnern an trinitätstheologische Bilder, stellen aber nicht selbst den Anschluss an trinitätstheologische Lehren her. Es ist, als wolle der Autor ihn vermeiden.

Einige Metaphern, besonders die von Kugel (in II, XIV und XVIII), Umfang und Zentrum, aber auch andere kehren in mehreren Thesen und Kommentarteilen des Buches wieder. Sie verbinden in der Vorstellung des Lesers die einzelnen Teile der kleinen Schrift und schaffen eine einheitliche Atmosphäre. Allerdings tragen die

Bilder nie die Argumentation; sie bilden eine imaginative Einleitung. In den Anfangsthesen I und II treten sie stark hervor. Der Autor der Thesen und des hier wiedergegebenen alten Kommentars setzt ein mit kräftigen Bildern und wechselt dann über zu einer streng-begrifflichen, abstrakten Diktion. Unser Text hat nichts von einer Vision und alles von einer Disputation noch ohne ‹scholastische› Formalitäten.

Die Szene ist poetisch gestaltet und führt zur philosophisch-strengen Darstellung. Die glücklichen Metaphern *dienen* der Argumentation, sie *führen* sie nicht. Der Autor des Kommentars besitzt eine Liste möglicher Definitionsarten und ordnet ihnen die einzelnen Sprüche zu. Ihm liegt daran, dass der Leser sie nach ihrem methodischen Ort einschätzt.[5] Das sieht nach einheitlicher Konzeption bei lockerer Reihung aus. Ich nehme vorerst an, ein- und derselbe anonyme Verfasser habe die Thesen und diesen Kommentar verfasst: Hier wie dort herrscht die stilistische Kunst, das Gewohnte zu vermeiden und eine strenge, konzise Argumentation zu geben. Der Autor nimmt fremde Anregungen auf, zitiert aber nichts. Die Philosophen sollen bei ihrem zweiten Zusammentreffen nicht sagen, was sie gelesen haben, sondern was Gott ist. Die Vielheit ungenannter Anreger schließt Einheitlichkeit von Konzeption und Sprache nicht von vornherein aus. Nach ihr möchte ich suchen. Vielleicht gibt es doch mehr als nur vereinzelte philosophische Brocken.

2. Aufbau

Auffällig ist der Aufbau der Szene: Die erste These evoziert die Vorstellung einer sich selbst vermehrenden Zahl, die zweite die einer unendlichen Kugel. Aber sie heben ihren Vorstellungsinhalt vor unseren Augen auf. Sie setzen die gemeinsame Überzeugung fast der gesamten älteren Philosophie voraus, zwischen geistiger Einsicht (*intellectus*) und dem bloßen Vorstellen (*imaginatio*) bestehe prinzipielle Differenz.

Dann folgen Thesen, die weitergehende Einsicht versprechen, denn sie erfolgen, wie es heißt, nach Wesensform, Effekt und Ziel.

Zuletzt kommt gar eine Definition, die das Wesen zu formulieren scheint, heißt es doch, sie sei *ad essentiam data*. Vorher allerdings klangen schon in Ausspruch VII skeptischere Töne an: Je mehr wir Gott lieben, um so verborgener ist er. Und Satz XXIII erklärt, unser Wissen von Gott sei Nichtwissen.

Noch einschneidender: Die Philosophen hatten verabredet, sich ein zweites Mal zu treffen, um etwas Gewisses herauszufinden. Sie wollten am Ende ein sicheres Ergebnis gemeinsam festsetzen. Dazu kommt es nicht. Am Ende steht entgegen der Ankündigung kein gemeinsamer Definitionsbeschluss. Dies kann man verschieden deuten. Mein Freund Zeno Kaluza schreibt in seinem Aufsatz mit dem poetischen Titel «Wie ein blühender Zweig vom Mandelbaum», dem Kompilator sei am Ende die Puste ausgegangen.[6] So kann man es sehen, aber ich gebe zu bedenken: Vielleicht war der unbekannte Verfasser kein bloßer Kompilator, und vielleicht bringt er solche Phantasiebilder, damit seine Leser sich einüben in ein Denken, das die Form der Definition übersteigt? Er bringt vierundzwanzig Definitionen und untersucht erst gegen Ende, ob ‹Definition› die angemessene Form für die Frage nach Gott ist; aber er lässt mit den Sprüchen XVI, XVII und XXIII alle Definitionen ins Leere laufen. Die vierundzwanzig Sätze kommen aus dem Dunkel und gehen ins Dunkel. Am Ende muss sich jeder sagen: Eine schulgerechte Definition hat es nicht gegeben. Konnte es sie geben? Das Bild der unendlichen Kugel löst sich auf; Definitionen erweisen sich als vorläufiger Stoff zur Einübung und führen zu dem Ergebnis: Hier bin ich im Dunkeln. *Hic mihi tenebrae sunt.* Gott, das ist die Finsternis in der Seele, die nach allem Licht zurückbleibt (XXI).

3. ‹Ein philosophisches Theaterstück›

Der Verfasser des *Buchs der 24 Philosophen* (bzw. sein Endredaktor) trägt seine Philosophie nicht streng geordnet vor. Er hätte sonst die Thesen VIII und X gleich hinter IV platziert; er hätte die *docta-ignorantia*-These Nr. XXIII mit XVI, XVII und XXI zusammengestellt. Alle Passagen mit der Kugelmetapher hätten zu Satz II gehört.

Offenbar hatten der oder die Verfasser andere Kriterien. Schrieben er oder sie ein «philosophisches Theaterstück» (Kaluza, *Comme une branche*)? Auch wenn er die Gesichtspunkte hervorhebt, unter denen jeweils die Definition erfolgt sei, lässt er dabei ein gewisses Spiel zu. Das erhöht den Reiz des erzählenden Textes: Die vierundzwanzig Denker treten nicht stramm geordnet im Gänsemarsch vor. Sie erlauben sich in der Abfolge ihres Auftretens eine gewisse Freiheit. Dies hat die Meinung begünstigt, das Buch bringe ein Sammelsurium tiefsinniger Aussprüche, denen kein gemeinsames philosophisches Konzept zugrunde liege. Dieser Eindruck wurde mehrfach ohne genaue Analyse geäußert; ich will ihn im Durchgang durch den Text prüfen.

Als vorläufige Arbeitshypothese schlage ich vor: Das Buch hat eine klare theoretische Position, die an den drei Hauptinhalten zutage tritt: erstens am Begriff Gottes, zweitens an der Auffassung des Verhältnisses Gottes zur Welt, drittens in der Philosophie der menschlichen Erkenntnis. Den Anspruch an logische Kohärenz werden wir nicht zu hoch ansetzen; es gab immer wieder große Philosophen, die empirische, gar empiristische Ansätze mit Metaphysik kombinierten. Nicht wenige suchten zu vermitteln zwischen Platon, Aristoteles und stoischen Lehren.

4. Gott: Das Leben als Ganzes

Gott wird vierundzwanzigfach definiert und als der Undefinierbare erkannt. Die Hinweise auf die Unerkennbarkeit mehren sich gegen Ende des Buches, mit den Thesen XVI, XVII, XXI und XXIII.

Der Gott dieses Buches ist durchgängig die unendliche Einheit, die in sich selbst bewegt ist. Er ist die Monade, die zeugt. Ihr Zeugen ist eher ein Sichauszählen als ein biologischer Vorgang. Ihr Wesen ist innere Bewegtheit. Ihre rastlose Tätigkeit im Nu der Ewigkeit schließt es aus, dass dieser Gott eine einsame mathematische Größe, eine für sich bleibende Monas wäre. Er ist kein Fels des reinen Seins. Er denkt sich und alles. Der originelle Ausdruck dafür lautet, er sei die Gesamtheit dessen, was geschieht, die *totalitas successivorum* (IX h S. 15, Z. 6; hier S. 49). Er vervielfältigt sich in sich selbst, so dass man metaphorisch von Einheit, Zweiheit und Dreiheit bei ihm reden kann. Diese Dreizählung wird wieder zurückgenommen; sie wird ausgelegt als das Zusammen von Einheit, Wahrheit und Gutheit. Die Dreiförmigkeit bedeutet Lebensbewegung, die in sich selbst nach außen geht und zu sich zurückkehrt. Das neuplatonisierende Schema von Ausgang und Rückkehr, *processus* und *conversio*, findet in unserem Text zweifache Anwendung: Es charakterisiert das Leben der allumfassenden Einheit und bezeichnet die Bewegung der menschlichen Seele (VII h S. 15, Z. 5–9; hier S. 44–45).

Bleiben wir zunächst bei der Gottheit: Sie wird charakterisiert als Über-Sein, als *superesse* (XI h S. 18, Z. 6); sie ist die Gesamtheit des Seins und steht zugleich über allem Sein: *ipsa simul ubique tota ens, etiam similiter super et extra* (III h S. 9, Z. 4–5; hier S. 34). Dass die göttliche Einheit vor der Differenz von Sein und Nichtsein steht, hat Platon im *Staat* 509 b für die Idee des Guten ausgesprochen. Es ist aus folgendem Grund leicht einzusehen: Auch das Nichtseiende, das wir denken, trägt als eine einheitliche Bestimmung. Einheit findet sich auf beiden Seiten der Alternative von Sein oder Nichtsein. Ihr letzter Grund muss der Grund für beides sein. Diese Überlegung ändert das Konzept der Substanz. Sie ist nicht der letzte Anhalt des Denkens. Sie steht nicht vor uns als der stabile Block des Seins. Sie ist Grundlage für Eigenschaften, aber unter ihr steht das Nichts. Dies gehört ihr objektiv zu; es wird nicht von uns aus ihr zugefügt. Sein bedeutet auch Beschränktsein, *clausio*. *Omne esse clausionem dicit* (X h S. 16, Z. 11; hier S. 50). Wenn alles Sein Ausschluss bedeutet, kann die Unendlichkeit nicht als Sein konzipiert werden, oder es wird wie eine paradoxe Aussage erwähnt, dass nur Gottes Sein keine Grenze hat. Unser Buch wiederholt es: Weil Sein Begrenztsein heißt, ist die Einheit ein Über-Sein, *superesse*: *Esse omne clausionem dicit. Superest igitur qui non clauditur* (XI h S. 18, Z. 4; hier S. 52). Dieser Gedanke findet dramatisch-metaphorischen Ausdruck in den Wendungen: Das Nichts sei eingekerkert beim Zentrum der allumfassenden Kugel (XIV h S. 21, Z. 2; hier S. 56); das Nichts liege der Substanz als das ihr Fremde zugrunde (VI h S. 12, Z. 8; hier S. 53). Gottes Übersein bildet den Gegensatz zum Nichts durch Vermittlung des Seins (XIV).

Die Einheit weist jede Grenze ab. Sie ist das ganze Leben, *vita tota* (VIII h S. 14, Z. 3, hier S. 47). Die Sprachspiele mit der Kugel, deren Mittelpunkt überall ist und die so viele Umfangslinien wie Punkte hat (II und XVIII), üben die Vorstellungskraft, die *imaginatio*, auf diesen Gedanken ein.[7] Die göttliche Einheit ist unendliche Wirksamkeit; sie ist ständige *operatio*. Sie erzeugt die Monade, die wir metaphorisch die ‹zweite› nennen können und die durch Liebesglut in ständiger Verbindung mit der Urmonade bleibt. Dieser Dynamismus ist für die Ureinheit wie für die geschaffenen Einheiten charakteristisch; nur ist die Tätigkeit der Ersteinheit eine unendliche Operosität. Sie wird durch nichts gehindert; ihr steht kein Satan gegenüber; sie durchstrahlt mit ihrem Licht alles. Sie ermattet nicht. Sie sucht keinen Schatten, in dem sie sich ausruhen könnte (XIII). Sie ist das denkbar Beste (V), die Einheit, vereint mit Wahrheit und Gutsein; in ihr gibt es kein Vor und Danach, keine internen Differenzen (XVII).

Die philosophische Gotteslehre dieses Buches ist Trinitätsphilosophie. Dies durchzieht das ganze Buch und sichert seine konzeptuelle Einheit. Gott ist ‹eine dreiförmige Wesenheit›, *triformis essentia* (XXII h S. 29, Z. 4; hier S. 69). Ihre drei Elemente sind völlig gleichrangig. In ihr sind Macht, Weisheit und Wille einander gleich (XII). Doch besteht eine Abfolge des Erzeugens (Zählens), Gezeugt-Seins und der Rückkehrglut. Sie ist Geist, der in sich lebt, indem er sich denkt (XX). Es gilt die Theorie Augustins über die *mens*, den Geist, der das Wort erzeugt und als Liebe zu sich zurückkehrt (III). Insgesamt sind die drei eins. Sie sind keineswegs einander untergeordnet, nur ist ihre Dreiheit gedanklich schwer festzuhalten. ‹Personen› heißen sie schon gar nicht. Die Konzeption ist antihierarchisch; kein Rest von Unterordnung des Logos unter die oberste Einheit, also von Arianismus, ist zurückgeblieben, obwohl das Neue Testament ihn nahelegen würde. Aber das Neue Testament wird hier gar nicht erst gefragt. Hier reden Philosophen über den letzten Grund der Welt und bieten eine philosophische Umformulierung der christlichen Lehre von der Dreieinheit, wie sie sich seit dem vierten Jahrhundert herausgebildet hatte. Unser Buch verweigert den Ausdruck, in Gott seien drei Personen. Schließlich hatte Augustin gesagt, er wisse nicht, was das Wort ‹Person› in diesem Zusammenhang bedeute. Die Zahl drei kommt vor; die Monade zählt sich zahlenartig aus, *se numerose multiplicat* (I h S. 5, 2.4), aber die Zählbarkeit gehört zur *Vorstellungs*stufe der menschlichen Erkenntnis und ist zu überwinden. Der Autor transformierte Wendungen, die teils Augustin, teils der Theologie des 12. Jahrhunderts entlehnt sind. Sie sagen: Die Monade ist ineins Geist, gesprochenes Wort und deren bleibende Verbindung (IV); sie ist Ursprung, Hervorgang und Ziel/Ende (VII); sie ist Macht, Sein und Gutsein (X); sie ist zugleich Einheit, Wahrheit, Gutsein (XV). Diese traditionellen Ternare lassen die Vorstellung dreier zählbarer, distinkter Personen nicht erst aufkommen. Nikolaus von Kues hatte behauptet, er habe eine Stelle bei Augustin gefunden, die warne: Wenn du anfängst zu zählen, fängst du an zu irren.[8] Die Stelle findet sich aber nicht im Werk Augustins. Bei Cusanus dominiert wie bei den vierundzwanzig Philosophen die Einheit, aber es ist eine unendlich tätige, eine lebendige Einheit, die jede Andersheit in sich zurücknimmt. Die Ureinheit ist Geist und Tätigkeit; sie zählt sich zahlenartig aus (I); sie ist ewige Operation, die nicht ‹innertrinitarisch› heißen darf, denn bei der unendlichen Sphäre ist das Außen Innen und das Innen Außen. Sie erzeugt, sie macht sich zum Wort, sie tätigt die Verbindung zwischen dem Erzeugenden und dem Wort (IV). Sie ist die Einheit von Können, Sein und Gutsein (X), von Wille, Macht und Weisheit (XII). Sie ist Macht, Einsicht und Liebe; sie ist Einheit, Wahrheit und Gutheit. Sie ist im höchsten Maße Leben (XX). Die Trinitätsformeln laufen darauf hinaus: Die unendliche Einheit ist Leben. Und als unendliche betrachtet, gibt es in ihr weder Vater noch Sohn.[9] Dem Autor schwebt ein qualifizierter Begriff von Leben vor; kein anderes Thema schlägt er so oft an wie dieses.[10] Denn ‹Leben› ist die Tätigkeitsform von Einheit: je einheitsartiger, um so lebendiger, um so aktiver (V). Weil die Einheit in sich lebendig ist, bewegt sie alles unbewegt (XIX h S. 26, Z. 4; hier S. 64). Dass die Gottheit Selbsterkenntnis ist, Freude und höchstes Leben (XVII) und dass sie zugleich als erster Beweger unbewegt alles begründet, das steht im zwölften Buch der *Metaphysik* des Aristoteles.

5. Ausgang und Rückkehr

Gott und die Welt stehen hier nicht nebeneinander. Gott hat sie bei der Erschaffung nicht aus sich herausgesetzt, denn es gibt kein Außen für die unendliche Kugel. Man sieht den geschaffenen Dingen das Nichts ihrer Herkunft an; es bleibt als ihre Grenze an ihnen erkennbar. Und doch ist jedes ein eigenes Leben, von dem es heißt, es freue sich der Wahrheit seines Wesens, und diese Freude sei sein Leben (V). Jedes ist eine Monade; jedes hat die operose Natur der Urmonade. Es holt mit seiner Tätigkeit Mögliches aus seinem Zentrum hervor und macht es zu Wirklichem. Nur ist das Sein des Geschaffenen begrenzt, dem Nichts benachbart. Seine Tätigkeit stößt auf Widerstand und Außengrenzen; es ermattet. Das Geschöpf muss Schatten aufsuchen, um sich auszuruhen. Die irdischen Dinge, überhaupt die Geschöpfe –, die als Stufen des Lebendigen beschrieben werden (XX), zu denen sternenbewegende Intelligenzen zählen, während Engel im ganzen Text nicht vorkommen – sie ertrinken nicht im Meer der Gottheit. Aber sie wenden sich auf sie zurück. Sie kehren heim. Sie erfahren dabei eine Erhöhung, auch wenn Gott ihnen dabei immer verborgener wird (VIII). ‹Rückkehr› kann hier nur bedeuten: Sie sind jetzt denkender, intensiver dort, wo sie immer waren.

Gott ist Licht. Dieses Licht zerlegt sich nicht wie das Sonnenlicht in Sonnenschein und Lichtglanz. Es durchdringt alles. Die Brechung des Lichts ist ein irdisches, ein sekundäres Phänomen. Das göttliche Licht ist davon nicht betroffen. Es leuchtet gleichmäßig, unverändert in allem (XXIV).

Das Verhältnis der Urmonade zur Welt ist begründet in deren Erschaffung. Gott heißt in diesem Buch ‹Erschaffer›, *creator* (XIII), die Welt *creatura* (VIII und XII). Der Verfasser verfügt über den Begriff der *creatio* (II), also der Erschaffung aus dem Nichts, aber er ersetzt ihn durch originelle Umschreibungen wie diese: Gott hat aus dem Kerker im Zentrum der Kugel das Nichts oder das bloß Mögliche in Etwas verwandelt (XIV). Das Erschaffen ist nicht die Wirkung der abstrakt, leer gedachten Gottheit, sondern die Selbstanwendung der dreiförmigen Wesenheit auf das Nichts: Der Urgrund als Erzeuger begründet die Existenz der Dinge; der Urgrund als der Erzeugte hält sie im Dasein als spezifisch Geprägte, wie sie der eigenen Norm entsprechen; der Urgrund als Lebensspender gibt ihnen die Dynamik der Selbsterhaltung (XXI h S. 29; hier S. 67). Die Drei-Einheit zeigt sich an Weltdingen als ihre Setzung ins Dasein, als Präsenz der Wesensidee in einem Wesen, zuletzt als Vitalität der Selbstbehauptung. Die geschaffenen Dinge haben ihre Wahrheit und, wie gesagt, freuen sie sich darüber (V h S. 11, Z. 5; hier S. 40). Das ist ihr Leben. Aber ihr Sein ist begrenzt; das Nichts ist ihnen benachbart. Sie sind aktive Lebenszentren, aber sie rühren an Grenzen und stoßen auf Widerstand, während Gottes Leben sich in ruhiger Beschäftigung mit seinem unendlich reichen Inhalt vollzieht. Als körperlich Lebendige brauchen sie das Fremde; sie verwandeln es ins Eigene und ahmen insofern die Ureinheit nach (XX h. S. 27; hier S. 65). Aber ihre Tätigkeit ist endlich, ist zählbar. Eine unendliche Zielsetzung ist ihnen unmöglich; sie wäre der Stillstand. Sie sind ein Zentrum, eine tätige Monade, aber der Weg von ihrem Zentrum zur äußeren Handlung ist endlich. Sie wirken beschränkt; sie sind dabei dem Zufall ausgesetzt, während Gott in seinem Handeln unendlich ist und reine Notwendigkeit (X h S. 16; hier S. 50). Gott ist der Gegensatz zum Nichts, aber nicht zu dem von ihm gegründeten Wesen mit eigenem Sein und eigener Wahrheit. Ihr Leben ist heiter, *gaudium*, aber aufgrund seiner Begrenztheit ist es auch nichtig. Es muss an seiner Selbsterhaltung arbeiten. Sie strengen sich an; sie gewinnen lebenstaugliche Dispositionen, aber sie können sich deren Dauer nicht sicher sein. Sie finden Widerstand und ermatten, *fatigatio scindit vim* (XIII h S. 20, Z. 4; hier S. 55).

Der Verfasser blickt mit einer Mischung von Bewunderung und Teilnahme, fast mit zärtlicher Besorgtheit auf die irdischen Dinge: Sie sind kleine Monaden; sie schöpfen ständig aus ihrem Zentrum an die Außenseite; aber ihre Tätigkeit kann ihr Ziel nur zeitweise und eingeschränkt erreichen. Was sie hindert, ist nicht der Teufel, sondern ihre Grenze.

6. Sprache und Erkennen

Das Buch ist kurz und auf die Definition der Urmonade konzentriert, und dennoch skizziert es in den Thesen XVI, XVII, XXI und XXIII eine Philosophie der menschlichen Sprache und Erkenntnis.

Die menschliche Seele muss bei ihrer Erkenntnisarbeit mit dem Äußeren anfangen. Sie braucht für ihr Erkenntnisleben das Andere und Fremde. Aber sie bildet es nicht einfach ab. Sie ruht nicht bei ihm aus. Sondern sie konfrontiert das Wahrgenommene mit Gedanken. Sie vergleicht das Hingenommene mit dem Urbild davon, das in der Seele ist. Sie bewertet die Welt. Aber wovon hat die Seele Urbilder? Der Autor antwortet rigoros: Jedenfalls liegt in ihr kein Inbegriff, *exemplar*, Gottes. Gott wird von ihr nicht als das Ersterkannte immer schon wahrgenommen. Von dem, was über ihr ist, weiß sie zunächst nichts. Sie hat ein Urbild nur von dem, was durch sie vom ersten Grund her ins Dasein getreten ist, wie die dunkle Formulierung in XXIII (XXIII h S. 31, Z. 6–7; hier S. 70) lautet. Man kann an ein Haus denken, das die Seele kennt, weil sie es gemacht hat. *Verum et factum convertuntur*, könnte es hier mit Giambattista Vico heißen. Die Seele hat von vielen Dingen nachträgliche Sinnesbilder. Deswegen heißt es, sie sei gewissermaßen alle Dinge (XXI h S. 28, Z. 4, hier S. 67). Der beurteilende Vergleich dieser Sinnesbilder mit ihren Urbildern kann ‹Erleuchtung› heißen. Nur sieht die Seele in diesem Licht nicht den ersten Grund. Von ihm kann sie sich aber aus den Weltdingen einen Begriff erarbeiten. Das ist genau das, was die vierundzwanzig Philosophen tun. Die Seele produziert Sinnesbilder und gibt sie nachdenkend wieder auf; in dieser zweiten Phase denkt sie verneinend, fernhaltend, *abnegando et removendo omnes rerum species* (XXI h S. 28, Z. 6–7; hier S. 67).

Vielleicht ist in dieser Frage die Position des Buches nicht ganz klar: Der Kommentar zu These XXIII führt aus: Die Seele hat von nichts Wissen, das über ihr steht, also auch nicht vom ersten Grund. Aber wenn sie das Wissen von allen (!) anderen Dingen erworben hat, gewinnt sie aus den Dingen den ersten Grund, indem sie seinen

Gegensatz zum Nichts hinzudenkt. Aber auch dann weiß sie nicht, was er ist, sondern nur, was er nicht ist. Dieses Wissen ist in Wahrheit Nichtwissen (XXIII h S. 31, Z. 8-14; hier S. 70). Das Ergebnis ist klar: Wir wissen nicht, was Gott ist. Unklar bleibt: Gibt es außer der rein negativen Theologie eine positive Gotteserkenntnis aus den Dingen selbst, die sich erst am Ende als Nichtwissen durchschaut? Dass dies das Ende ist, wird schroff ausgesprochen: Wenn die Seele sich nach dieser Denkarbeit auf sich selbst zurückwendet, nimmt die Finsternis zu. Sie ist dem unendlichen Licht nicht gewachsen. Wenn sie auf sich selbst zurückkommt, sagt sie: Hier bin ich im Finstern, *Hic mihi tenebrae sunt* (XXI h S. 28, Z. 9-10; hier S. 67). Unser Text enthält Eingeständnisse der Verfinsterung. In einer theologisch bestimmten Zivilisation mögen sie bedrohlich geklungen haben. Zum Beispiel diese Definition Gottes:

Gott, das ist die Finsternis, die in der Seele zurückbleibt nach allem Licht (XXI).

Der Autor stützt dieses Ergebnis auf seine Untersuchung der Sprache. Sie ist der Erkenntnis der Urmonade nicht angemessen. Denn jede Aussage (*praedicatio*) bringt Vielheit mit sich, weil ihre Aufgabe ist, die Vielheit von Bestimmtheiten (*rationes*) zum Ausdruck zu bringen, die in einer Sache liegen. Aber Gottes Einfachheit schließt Vielheit der Bestimmungen an ihm selbst aus. Die Sprache ist für werdende und komplizierte Gegenstände geeignet, nicht für die Urmonade in ihrem einfachen ewigen Selbstbezug (XXI). Eine Aussage legt auseinander, bevor sie zusammenbindet. Bei Gott gibt es keine Vielheit, die auseinandergelegt werden könnte.

7. Die Verwendbarkeit änigmatischer Thesen

Unser Text ist ein Solitär. Schon ein mittelalterlicher Schreiber gab ihm die Überschrift: Änigmatische Thesen. Seine weitverzweigten Wurzeln reichen tief in die Vergangenheit; Entstehungsort und Verfasser kennen wir nicht. Im Mittelalter wurde er oft Hermes Trismegistos, dem Dreimalgrößten, zugeschrieben und damit in die früheste Vorgeschichte, nahe an die Erschaffung der Welt zurückdatiert. Auch Empedokles und andere antike Philosophen wurden als Verfasser genannt. Jedenfalls sollten es antike Denker gewesen sein, keine christlichen Theologen. Es wird nicht ein einzelner Weiser herbeigerufen, sondern deren vierundzwanzig: ein denkwürdiger, wenn auch fiktiver Pluralismus. Ein wahrscheinlich in christlicher Umgebung lebender Autor lässt sie das Zeugnis der ungetauften Vernunft ablegen. Wofür? Waren sie nicht aus eigener Kraft der Wahrheit nahegekommen? Auf Einzelheiten komme ich später, bei der Analyse der einzelnen Aussprüche. Hier nenne ich vorgreifend und an dieser Stelle hypothetisch drei Hauptpunkte, die dem *Buch der 24 Philosophen* über lange Jahrhunderte hin entnommen werden konnten und die ihm damals Aktualität gaben:

Erstens: Dieser literarischen Fiktion nach bezeugen vierundzwanzig heidnische Philosophen, dass sie ohne Offenbarung Gott als dreiförmig-einheitliche Lebensganzheit gedacht haben. Sie haben *mit bloßer Vernunft,* nicht aufgrund übernatürlichen Glaubens, die Drei-Einheit, diesen Hauptinhalt des christlichen Glaubens denkend erfasst. Das rechtfertigte jede weitere selbständig-philosophische Arbeit an Inhalten des christlichen Glaubens. Kein einziger dieser vierundzwanzig Denker erinnert daran, dass es höhere Erkenntnisquellen gibt als die philosophische Vernunft. Es hätte doch wenigstens einer von ihnen sagen können: Wir haben aber auch noch den Koran oder die Bibel. Kein Wort fällt in dieser Richtung. Unser Text bewegt sich in einer fiktiv geschlossenen philosophischen Kultur. Er erfindet deren Autonomie.

Zweitens: *Das Buch der 24 Philosophen* gibt ein philosophisches, nicht schon theologisches Lehrstück über Gottes Unendlichkeit. Es regt an, nachzudenken über Unendlichkeit überhaupt.[11] Man kann sie nicht als eines der vielen Prädikate Gottes behaupten und dann weiterreden, als sei nichts geschehen.

Gewiss war es keine Neuerung dieses Buches, Gott ‹unendlich› zu nennen. Der Gott des Thomas von Aquino ist als das in sich subsistierende Sein unendlich. Thomas ging noch weiter und behauptete, alle antiken Philosophen (*omnes antiqui philosophi*) hätten das erste Prinzip für unendlich gehalten (*Summa theologiae* I 7, 1). Die Gleichsetzung von *infinit* mit ‹unvollkommen› hatte ihre Zeit, galt aber nicht immer. Thomas lehrte auch ausdrücklich, Gott sei *überall* anwesend (*Sth* I 8). Doch zerstörte die zweite These der vierundzwanzig Denker mit dem besonderen Akzent auf die Unendlichkeit die Vorstellung, Gott habe die Welt *aus sich heraus* gesetzt.

Drittens: Antike Philosophen, vielleicht schon Platon mit seinem *Parmenides,* jedenfalls Plotin und Proklos, dann auch Dionysius Areopagita, hatten die _negative Theologie_ entwickelt. Sie hatten bestritten, dass man Gott positive Prädikate beilegen könne. Aber es gab auch theologische Motive, die negative Theologie abzulehnen oder ihrem konsequenten Gebrauch zu widersprechen, sie also einzuschränken. Wer dieser Tendenz widersprechen wollte, konnte das Buch der vierundzwanzig Philosophen als Autorität anführen. Er konnte vom 13. bis zum 15. Jahrhundert den zeitgenössischen Theologen zeigen, wie weit die antiken Denker aus natürlicher Vernunft gekommen waren. Diese erfundenen Protagonisten reiner Vernunft haben mit der Unendlichkeit Gottes seine Unerkennbarkeit erkannt und wie allumfassend ihr Gott war. Der Verweis auf die Drei-Einheitslehre dieser Heiden riss die thomistische Grenzlinie ein zwischen Natur und Übernatur, zwischen Wissen und Glauben, zwischen Philosophie und Theologie.

II. Der Text. Übersetzt und erklärt

Das Buch der vierundzwanzig Philosophen

Prolog

Vierundzwanzig Philosophen waren einmal versammelt. Dabei blieb ihnen nur eine Frage offen: Was ist Gott?
Da beschlossen sie nach gemeinsamer Beratung, sich Bedenkzeit zu lassen und einen Termin festzusetzen, um noch einmal zusammenzukommen. Dann sollte jeder seine eigenen Erklärungen über Gott vorlegen, und zwar in Form einer Definition, um aus den verschiedenen Definitionen etwas Sicheres über Gott zu ermitteln und mit allgemeiner Zustimmung festzusetzen.

Prologus

Congregatis viginti quattuor philosophis, solum eis in quaestione remansit: quid est Deus? Qui communi consilio datis indutiis et tempore iterum conveniendi statuto, singuli de Deo proprias proponerent propositiones sub definitione, ut ex propriis definitionibus excerptum certum aliquid de Deo communi assensu statuerent.

Der Prolog dementiert die Alhambra-Phantasie, zu der ich mich im Vorwort augenblicksweise habe hinreißen lassen. Die vierundzwanzig Philosophen brauchten keinen Saladin; sie organisierten ihr Kolloquium demokratisch selbst. Die Frage, in welcher Stadt es 24 Philosophen gab, erübrigt sich; der Prolog ist Dichtung, nicht Protokoll.

Immerhin hält er fest: Was Gott ist, das fragt man besser nicht die Theologen. Ich war auf die Vorstellung vom orientalischen Ursprung gekommen, weil es für einen westlichen Herrscher gefährlich gewesen wäre, bei der Frage, was Gott sei, die Theologen zu ignorieren. Noch 1486 hat die Römische Kurie den vergleichbar geplanten Philosophenkongress des Fürsten Giovanni Pico della Mirandola verboten. Hier handelt es sich um ein fiktives, rein literarisches Philosophenkonzil.

Die Philosophen wissen die Antwort nicht sofort; sie tragen nichts Erlerntes vor; sie gönnen sich Aufschub und Reflexionszeit für eine neue, eine persönliche Definition. Der Verfasser des Textes glaubt nicht, ein einzelner Denker werde die allumfassende und vor allem die gewisse Einheitsdefinition vorschlagen können. Diese soll später gefunden, diskutiert und verabschiedet werden. Das Ziel soll sein, etwas Gewisses über Gott sagen zu können. Unterstellt wird: Ungewisses hören wir genug. Aber von der Endabstimmung und Endgewissheit sagt unser Text nichts. Er belässt es bei den vierundzwanzig Voten. Der Leser muss selbst suchen.

Die vierundzwanzig Definitionen[12]

I. Gott ist die Monade, die eine Monade erzeugt und sie als einen einzigen Gluthauch auf sich zurückbeugt.

DEVS EST MONAS MONADEM GIGNENS, IN SE VNVM REFLECTENS ARDOREM.

Diese Definition erfolgt aufgrund einer Vorstellung (data est secundum imaginationem) *vom ersten Grund, wonach er sich zahlenartig in sich selbst vermehrt, multipliziert. Aufgefasst als das, was sich vermehrt, ist er die Einheit. Als vermehrt (multipliziert) aufgefasst, heißt er Zweiheit. Als das, was zurückbezogen ist, als Dreiheit. So ist es nämlich bei den Zahlen: Jede Einheit erhält eine eigene Zahlbestim-*

mung, sofern sie sich auf etwas bezieht, was sich von jedem anderen unterscheidet.

Haec definitio data est secundum imaginationem primae causae, prout se numerose multiplicat in se, ut sit multiplicans acceptus sub unitate, multiplicatus sub binario, reflexus sub ternario. Sic quidem est in numeris: unaquaeque unitas proprium habet numerum quia super diversum ab aliis reflectitur.

Gott ist das Eine, das eine Einheit erzeugt und diese auf sich zurückbezieht. Für das Eine gebraucht der im Mittelalter verbreitete Text, gewissermaßen seine ‹Normalform›, den griechischen Ausdruck *monas*.[13] Dieses Wort sagt nichts für die griechische Herkunft des Textes; der Ausdruck kommt im 9. Jahrhundert im lateinischen Westen vor, bei Johannes Scotus Eriugena, und steht auch bei Alanus am Anfang.

Der Spruch lässt sich nach zwei Richtungen auslegen. Sagt er: Gott ist der Eine, der eine einheitliche Welt, ein Uni-versum, erzeugt und dieses auf sich zurückbewegt? Das hieße: Die Welt tritt aus der Ureinheit heraus, bewegte sich aber in glühender Liebe (*ardor*) in ihren Ursprung zurück. Dann bezöge der Satz sich auf das Heraustreten aus dem Einen und auf die Rückkehr des Kosmos zu ihm. *Ardor* habe ich mit ‹Gluthauch› übersetzt; es könnte auch heißen: der Glanz, zum Beispiel der Sterne. Dann wäre das *reflectens* wörtlich zu nehmen, und der Satz hieße in *kosmologischer* Deutung: Gott ist das Eine, das den Kosmos als Einheit erzeugt hat, so dass dieser im Glanz des Äthers auf ihn zurückstrahlt. Es macht den Reiz dieses Textes aus, dass er zwischen buchstäblicher und bildlicher Bedeutung schwebt. Er scheint zu changieren zwischen Liebesglut und Ätherglanz.

Aber von Welt, Sternen und irdischem Glanz ist nicht die Rede. Daher ist die zweite Auslegung vorzuziehen:

Es handelt sich um kryptische Trinitätsphilosophie: Gott, die Monade, deren Erzeugen im Zählen besteht, hat demnach eine weitere Monade, den Logos, gezeugt – das Wort ‹erzeugen› (*gignere*) war in der Trinitätslehre üblich, aber nicht auf sie beschränkt – und bezieht sich durch ihn in einem einzigen Liebeshauch auf sich zurück.

Gottes Erzeugen ist ein Sichauszählen. Die dabei entstehende Vielheit und Verschiedenheit ist Sache des Auffassens: Ich kann die Zahl Eins in der Zahl Drei wiederfinden, denn auch Drei ist eine Einheit. Gott, das wäre dann die drei-einheitliche Bewegung der Logoserzeugung und der Selbstrückkehr.

Dann sagen Definition und Kommentar: Ein Philosoph, ein Heide, hat die Trinität philosophisch erkannt. Er hat nicht die dogmatisch sanktionierten Ausdrücke benutzt: Er redet weder von drei Personen noch von Vater, Sohn und Geist. Er vermeidet sogar die Vokabel ‹das Wort›, *verbum* oder *logos*, das aus der antiken Philosophie stammt und am Anfang des Johannesevangeliums steht. Dann hätte ein christlicher Autor etwa der zweiten Hälfte des 12. Jahrhunderts die unbestimmte Weise imitiert, in der ein antiker Philosoph die Trinität ausgedrückt haben könnte. War er vielleicht unglücklich mit den herkömmlichen dogmatischen Ausdrücken ‹drei› und ‹Personen›? Augustinus hatte zugegeben, er wisse nicht, was in diesem Zusammenhang das Wort ‹Person› bedeute. Und was heißt innerhalb der Gottheit das Zahlwort ‹drei›? Wie passen Zahlbestimmungen zur göttlichen Einheit? Nikolaus von Kues behauptet, er habe bei Augustinus den Satz gefunden: «Wenn du anfängst zu zählen, redest du nicht von Gott.»[14] Dieses Zitat findet niemand bei Augustinus, aber das Problem besteht. Unser unbekannter Verfasser geht es an; er fasst die Dreiheit als Ergebnis menschlichen Auffassens: Wir denken Gott, den Multiplizierenden, als Einheit; als das Multiplizierte nennen wir ihn Zweiheit. Der Autor vermeidet, von «drei Personen» zu reden. Hat Boethius nicht erklärt, ‹Person› bedeute eine ‹Substanz vernünftiger Natur›? Sind etwa in Gott drei Substanzen? Bedeutet *substantia* nicht Wesen? Dann wären in der Gottheit drei Wesen mit dreifachem Bewusstsein – wo bleibt ihre Einheit? Der Text setzt die trinitätstheologischen Ausdrücke so um, dass sie mit der negativen Theologie kompatibel werden, auf die das Buch insgesamt hinausläuft. Daher erwähnt er das biologische Verhältnis von ‹Vater› und ‹Sohn› überhaupt nicht und deutet das Erzeugen des Erzeugers als Zählen, bei dem man im Vielfachen die Einheit erkennt. So vorzugehen, hatte Johannes Eriugena für das einzig Vernünftige erklärt: Die Eins ist in der Zwei und in der Drei, aber die Monade wäre ein zusammengekehrter Haufen, nicht die höchste Einheit, wenn sie in drei Einzelwesen zerfiele.

Auf diesen Text hat Zeno Kaluza aufmerksam gemacht, auch in der Absicht, gegen Hudry zu beweisen, dass der *Liber* nach dem 9. Jahrhundert entstanden sein müsse. Der Text Eriugenas gehört hierher aus drei Gründen: Er nennt die höchste Einheit *monas*.[15] Zweitens: In der höchsten Einheit sollen die verschiedenen Bestimmungen (*rationes*) gewahrt bleiben. Drittens: Die Zahlbestimmungen Zwei und Drei, aber auch alle anderen, sind als Modifikationen der Eins zu betrachten.

Die trinitätsphilosophische Deutung von Spruch I liegt näher als die kosmologische. Die Philosophen wurden nicht nach dem Kosmos, sondern nach Gott gefragt. Die Folgethesen bringen ähnliche Dreierrhythmen der göttlichen Lebensbewegung (z. B. die Definitionen IV, VII, X und XII). Dies würde zu trinitäts*philosophischen* Interessen des 12. Jahrhundert passen, zu Anselm von Canterbury, Abaelard, Thierry von Chartres und Alanus von Lille. Thomas von Aquino ließ im Gegensatz zu ihnen keine Trinitäts*philosophie* zu. Ein solcher Anspruch der Vernunft verletze die Würde des Glaubens. Die natürliche Gotteserkenntnis müsse von der sichtbaren Welt ausgehen, die Gott aufgrund seiner einheitlichen Wesenheit geschaffen habe. Daher seien die einzelnen Personen in der Gottheit nicht philosophisch erkennbar. Darin sind Thomas spätere Kirchenversammlungen mit folgenreichen Verurteilungen solcher Versuche gefolgt.[16] Daher legte Thomas die erste Definition der vierundzwanzig Philosophen *kosmologisch* aus. Sie beziehe sich nicht auf die Zeugung des Sohnes und den Hervorgang des Heiligen Geistes, sondern auf die Hervorbringung der Welt, *ad productionem mundi* (*Sth* I 32, 1 ad 1). Allerdings hatten Anselm von Canterbury und einige Theologen des 12. Jahrhunderts die Absicht, die Trinität *philosophisch* zu beweisen. Zu ihrer Tendenz würde passen, dass unser Text gleich mit der ersten Gottesdefinition den dreigliedrigen Rhythmus der Monade als Zeugung und Rückkehr ausspricht. Aber dann hat sein Autor die sakrosankten Formeln vom *einen* Gott in *drei* Personen konsequent vermieden. Das kostete Anstrengung. Das konnte nicht nebenbei und wie unbewusst geschehen. Dem Wissenden gab die Vermeidung der amtlichen Diktion zu denken.

II. Gott ist die unendliche Kugel, deren Mittelpunkt überall und deren Umfang nirgends ist.

DEVS EST SPHAERA INFINITA CVIVS CENTRVM EST VBIQUE, CIRCVMFERENTIA NVSQVAM.

Diese Definition stellt den ersten Grund als Mittelpunkt vor. Der Kreis seines Erscheinens liegt oberhalb jedes Wo, außen. Deshalb ist sein Mittelpunkt überall, denn er hat keine gewöhnliche Ausdehnung. Wird er gefragt nach dem Umfang dieser Kugel, antwortet er, er liege hoch im Unendlichen, denn alles, was sie ist, ist so ausdehnungslos wie der Schöpfer von Anfang an. Auf diese Weise ist seine Grenze nirgends. So wird der Spruch evident.

Haec definitio data est per modum imaginandi ut centrum *(*continuum*) ipsam primam causam in vita sua. Terminus quidem suae ostensionis (*extensionis*) est supra ubi et extra terminans. Propter hoc ubique est centrum eius, nullam habens in* communia *(in* anima*)*[17] *dimensionem. Cum quaerit circumferentiam suae sphaericitatis, elevatam in infinitum dicet, quia quicquid est sine dimensione sicut* creatoris *(*creationis*) fuit et in initium est et sic terminus* nusquam. Sic patet propositum.[18]

Der zweite der vierundzwanzig Philosophen spricht die berühmteste der vorgetragenen Gottesdefinitionen aus. Sie hat eine glänzende

Nachgeschichte. Dietrich Mahnke hat sie 1937 zum ersten Mal dargestellt; Alexandre Koyré verfolgte sie weiter. Sie hat von Meister Eckhart über Nikolaus von Kues und Giordano Bruno bis zu Jorge Luis Borges die Geister bewegt.

Der Autor stellt uns ein geometrisches Gebilde vor, den Mittelpunkt einer Kugel, erweitert es aber ins Unendliche, so dass die Vorstellungskraft an ihr versagt. Was ist eine Kugel, deren Mittelpunkt überall wäre? Das ist keine Kugel mehr, sondern die reine Unendlichkeit. Das Wort ‹Kugel› evoziert zunächst ein phantasienahes Bild; hier wird es zerstört durch den philosophischen Gedanken der Unendlichkeit.

Der Kosmos als einzige und vollkommene Kugel – das war in den hochgradig partikularisierten Zivilisationen der griechischen Welt eine kühne Vision. Sie gab der Erfahrung ein quasi-geometrisches Gerüst, sicherte eine gewisse Vertrautheit, Rationalität und Lebbarkeit. Parmenides dachte das Sein als endliche Kugel.[19] Zwar war der Gedanke der Unendlichkeit der Antike nicht so fremd, wie viele glauben, aber er wurde nicht weiterentwickelt zum Motiv der unendlichen Kugel. Allerdings berichtet Cicero, der Philosoph Melissus habe die Welt als unendlich gedacht.[20] Der Kosmos als Kugel, die Welt als ein System von Schalen beschreibt Cicero in *De re publica*: Neun Kreise oder vielmehr ineinander versetzte Kugeln verbinden alle Dinge miteinander; der höchste Gott wahrt sie in sich wie in einer umfassendsten Kugel.[21] Origenes nahm acht Planetensphären an und eine Fixsternsphäre; er erwog, ob es darüber eine äußerste, eine sternlose Sphäre gebe, wozu Ptolemaios anregte und woraus die mittelalterlichen Kosmologen das *primum mobile* entwickelten.[22]

Die zweite These der vierundzwanzig Denker zerstört die abrundende Vorstellung einer geschlossenen Universalkugel. Ihr Umfang verschiebt sich ins Unendliche. Sie hört auf, vorstellbar zu sein. Noch drohen hier nicht die Schrecken unendlicher Räume, in denen der Mensch sich verliert. Die unendliche Kugel ist die Gottheit selbst; sie bietet unendliche Logismöglichkeiten. Nimmt man Satz XVIII hinzu, erzeugt der Spruch II eine chaotische Bildauflösung; sie gibt jedem Punkt eine eigene Umfanglinie, die im Unendlichen liege.

Man kann versuchen zu rekonstruieren, welche Funktion ein solcher philosophischer Bildersturm seit dem 12. Jahrhundert im lateinischen Westen haben konnte: Seit dem 11. Jahrhundert hatten institutionelle wie philosophisch-theologische Tendenzen sich verstärkt, das Unendliche denkend und handelnd zu vermeiden und sich ans Endliche zu halten, dieses zu beschreiben und nach Gattung und Art, nach Substanz und Akzidens einzuteilen. Nur so ließ es sich kirchenpolitisch und kirchenrechtlich beherrschen. Die zweite These schuf hierzu ein markantes Gegengewicht. Ein aufmerksamer Leser wie Nikolaus von Kues verband mit ihr die Einsicht: In der reinen Unendlichkeit kann es nicht Vater, Sohn und Heiligen Geist geben, sondern nur die unbestimmbare Gottheit, die allein durch Nichtwissen gewusst wird.[23] Cusanus hat die These auch auf das Universum angewandt; dies war der Anfang vom Ende der Aristotelischen Welt, die zwar nicht klein, aber allemal endlich war. Gott als Alleinheit, außerhalb dessen es nichts gibt, und die Unendlichkeit des Kosmos, das waren Hauptpunkte im Prozess gegen Giordano Bruno. Er ist nicht verbrannt worden für Ideen des 12. Jahrhunderts. Er wurde verbrannt, weil er Thesen vortrug, die er ohne das Buch der vierundzwanzig Philosophen und ohne dessen Anwendung auf das Universum durch Nikolaus von Kues so markant nicht hätte entwickeln können.

Würde man den zweiten unserer vierundzwanzig Philosophen fragen, welche Stellung er für den Menschen in der infiniten Sphäre vorsehe, so könnte er antworten: Er wird in ihr ins Dasein gerufen; er wird durch sie in seiner Natur geprägt und gestärkt; er wird in ihr zur Einsicht und zur Vereinigung mit ihr geführt. Dies wird im Laufe der weiteren Definitionen von den Geschöpfen gesagt: Der Kommentar zu Satz VIII spricht von Vereinigung und von Liebe des Menschen zum Unendlichen, aber Spruch II nimmt keinen Bezug auf den Menschen. Noch weniger überträgt er die Unendlichkeit von der Gottkugel auf die individuelle Seele. Das *Historische Wörterbuch der Philosophie* teilt in Band 9 Spalte 1377 mit, Meister Eckhart habe die These II aufgegriffen, um die Unendlichkeit von der universalen Sphäre auf die individuelle zu übertragen. Der dafür zitierte Text aus dem ersten Genesiskommentar (LW I,

S. 305)²⁴ gibt das nicht her. Es fragt sich auch, ob es vernünftig gewesen wäre, wenn er diese Ansicht enthielte.

Eckhart hatte bei der Auflösung der Vorstellung vom endlichen Raum andere Probleme. Er musste mühselig volkstümliche Vorstellungen korrigieren, zum Beispiel diese: Es wird uns gepredigt, wir sollen die Dinge suchen, die ‹oben› sind. Wo sollen wir suchen? Wo Christus sitzt zur rechten Hand des Vaters. Wo sitzt er? Er «*sitzt nirgends. Wer ihn irgendwo sucht, findet ihn nie*».²⁵

Blicken wir noch einmal auf die beiden ersten Sätze zurück: Die Einheit, hieß es, erzeugt eine Einheit. Von Erschaffung war nicht die Rede. Diese Ureinheit bezieht sich auf sich zurück. Was sie kennzeichnet, ist Selbstbezug und Unendlichkeit. Der Kommentar zu Satz II stellt klar, dass wir diese Unendlichkeit nicht verstehen sollen als das In-sich-Zurücklaufen der Kreislinie, sondern als philosophische Zerstörung der Kreisvorstellung. Diese unendliche Kugel kennt keine Mitte; jeder Punkt ist Mittelpunkt; denn These XVIII ergänzt: Jeder dieser Punkte setzt um sich eine unendliche Kugel. Jeder Punkt ist gleichberechtigt. Gott ist nicht der Mittelpunkt; er ist die Gesamtheit der unendlich vielen Punkte. Und er ist ganz, da unteilbar, an jedem einzelnen Punkt. Wer oder was diese Punkte sind, bleibt hier offen. Sind es Seelen, sind es Intellekte, sind es Monaden oder Intelligenzen? Sie haben keinen Horizont. Vielmehr haben sie einen *unendlichen* Horizont, was auf dasselbe hinausläuft. Es ist keine Mitte mehr da, der man sich annähern und von der man dann sagen könnte, man stehe näher bei Gott. Vom Schalensystem des Kosmos ist nicht die Rede. Die beiden ersten Sätze treiben nicht Kosmologie, sondern Ontologie oder philosophische Theologie. Sie zerdehnen die bisher endliche, bewohnte und bemessene Welt ins Unendliche; sie weiten sie aus zu Gottes Unendlichkeit. Satz VI führt diesen Gedanken rigoros durch: Auch bisher als Substanzen angesehene Wesen wie Baum oder Mensch sind nur Erscheinung dieser Unendlichkeit. Sie verlieren ihren substantiellen Halt in sich. Sie sind nur etwas im unendlichen Meer der Gottheit. Es gibt nur *eine* Substanz. Man scheut sich, den Namen Spinozas als Vergleichspunkt zu nennen. Dazu ist der Text zu knapp. Jedenfalls inszenieren die Sätze I, II und VI, zusammen mit XVIII, einen Bruch. Sie zertrümmern den Bildervorrat von Jahrhunderten. Sie zerstören die Vertrautheit, in der man zu wissen glaubte: Unten liegt die endliche Welt, oben thront ein unendlicher Gott. Die Dualität ist aufgehoben. Statt Rangordnungen gibt es nur die unbegrenzte Einheit mit unendlich vielen Mittelpunkten, die produktiv jeweils unendliche Kugeln hervorbringen.

Die Sätze I, II, VI und XVIII sprechen von Gott. Sie skizzieren eine philosophische Theologie und eine neuplatonisierend konstruierte Trinitätslehre. Alle erlösungstheologischen Motive fehlen. Von Christus, vom Kreuzestod, gar von Kirche ist nicht die Rede. Die Kommentare zu I, II, VI, VIII, XXI und XXIII nennen Gott *prima causa*, erster Grund, oberste Ursache. Das war nicht immer ein Name Gottes. Zeno Kaluza zufolge kommt er aus der arabischen Philosophie, besonders von Avicenna, und bezeichne den Ursprung des Flusses (*fluxus*) der Welt.[26]

In Dantes *Comedia* bildet die Erde den Mittelpunkt des Alls, und im Mittelpunkt der Erde steckt Satan, eingefroren in ewigem Eis. Den Verfasser des *Liber* hätte man fragen müssen: Gibt es in deinem System keine Hölle mehr? Wenn es eine Hölle gäbe, wäre dein Gott auch in der Hölle. Unser Text tut so, als könne er Gott ohne christliche Heilsgeschichte definieren. Wer ihn in einer mehr schulmäßigen Umgebung fortführen wollte, gar in einer Umgebung, die durch die Verurteilung Meister Eckharts eingeschüchtert war, musste dieses Versäumnis erklären, fast entschuldigen. Berthold von Moosburg stützte sich zu diesem Zweck auf eine Unterscheidung, die Dietrich von Freiberg aus einer Bemerkung Augustins entwickelt hatte. Berthold sagte: Dieser Text spricht von der göttlichen Vorsehung nur sofern sie die Natur regiert, nicht von der Vorsehung, sofern sie übernatürlich die Geister lenkt. Er handelt vom *ordo providentiae naturalis*, nicht vom *ordo providentiae proprie voluntariae*.[27] Damit war die Zweistöckigkeit wieder eingeführt, die das Bild von der unendlichen Kugel weggewischt hatte. Dante kombinierte das ptolemäische Schalensystem mit der göttlichen Einheit, indem er den sog. Feuerhimmel, das *caelum empyreum*, noch 1241 eine Pariser Lehrentscheidung, als zehnte körperliche Weltschale definiert hatte,[28] als umfassendes, liebendes Geistleben deutete:

«Reines Licht,
intellektuelles Licht, erfüllt von Liebe,
von Liebe zum wahren Gut, erfüllt von Freude,
einer Freude, die allen Genuss übersteigt.»

«Pura luce:
luce intellettual, piena d'amore;
amore di vero ben, pien di letizia;
letizia che trascende ogne dolzore.» (*Paradiso* 30, 39–42).

Dante entmaterialisiert die Heimstätte Gottes und der Seligen; er nimmt sie heraus aus dem ptolemäischen Schalensystem, innerhalb dessen die Pariser Theologen sie verorten wollten.[29]

[handschriftliche Notiz: Folgende Definition könnte von Baruch Ben Shmuel of Magenza sein.]

III. Gott ist ganz in allem, was in ihm ist.
DEVS EST TOTVS IN QVOLIBET SVI.

Diese Definition erfolgt im Hinblick auf die Einfachheit des Wesens der Gottheit.

Da es nichts gibt, das ihr Widerstand leistete, ist sie überall als Ganze gleichzeitig und ist sie oberhalb und außerhalb von jedem Wo. Sie wird nicht aufgeteilt, denn in nichts fehlt es ihr an innerer Kraft; sie wird auch nicht eingeschränkt durch die Herrschaft eines fremden Wesens.

Haec definitio data est secundum considerationem essentiae divinitatis in sua simplicitate.
  Cum non sit aliquid ipsi resistens, ipsa simul ubique tota ens, et etiam similiter super et extra, ubique non distrahitur defectu virtutis alicuius in ipsa deficientis, nec stat terminata virtute alieni dominantis.

Für einen sorgfältigen Leser darf nicht von vornherein feststehen, ob eine der vierundzwanzig Thesen aus der vorhergehenden ableitbar ist. Unsere kleine Schrift könnte divergierendes Material enthalten. Immerhin hat ein Kenner wie Clemens Baeumker gemeint, die Definitionen seien heterogener Herkunft und divergierender Denkrichtung. Wer die theoretische Einheitlichkeit des Textes behauptet, muss dies beweisen. Dies scheint aber bei der dritten Definition möglich; ihr Zusammenhang mit der zweiten Definition liegt offen: Spruch III folgt aus der Unendlichkeit und Einfachheit der Gottheit. Sie erfüllt alles gleichmäßig. Nichts ist ihr innen, nichts ist ihr außen. Wo wir sind, sind wir am Mittelpunkt. Daraus folgt: Sie teilt sich nicht auf. Sie verliert sich nicht. Sie mindert sich nicht, wenn sie in einer Region anwesend ist, die als niedrig gilt.

In Gott besteht kein Gegensatz zwischen ihm und was zu ihm gehört, keine Dualität Ganzes-Teile. Gott ist das, was keine Teile hat und doch alles ist. Der Satz erweckt die Vorstellung von abgelegenen Raumteilen und sagt, dass sie für *Deus* nicht gilt. <u>Er ist allgegenwärtig und von höchster Einfachheit. Daraus ergibt sich: Er ist unteilbar. Wer ihn hat, hat ihn ganz. Und alles, was ist, hat ihn.</u>

Daraus ließen sich verschiedene Konsequenzen gewinnen. Zunächst einmal: Die Vorstellung von Hierarchien, von höheren und niederen Stufen im Universum wird nicht angegriffen, aber sie verliert sich in der unendlichen Einheit. Diese ist, da unteilbar, auch auf der niedersten Stufe ganz da. Unser Text sagt nicht, Hierarchien seien nicht nötig. Aber er relativiert sie. Sie geraten gewissermaßen auf die Seite des Scheins. Die Urmonade wird uns nicht durch Höhergestellte vermittelt. Sie vermittelt sich selbst; sie ist die Vermittlung. Sie ist immer schon da, und zwar ganz da.

Hier präzisiert sich die Rolle der <u>negativen Theologie</u>. Diese ist nicht zu verwechseln mit der Meinung, wir wüssten über die Gottheit nichts. Der Text sagt, dass wir vom Wesen der Gottheit etwas wissen, nämlich seine Einfachheit. Wir wissen, dass sie schlechthin einfach ist. Allerdings ist Einfachheit eine negative Bestimmung. Darauf beruht die dritte Definition; sie sagt nur, dass *Deus* unteilbar ist in jedem seiner Momente. Dies hat aber weitreichende, inhaltlich wohlbestimmte Folgen; es relativiert kosmologische, gesellschaftliche und kirchliche Hierarchien.

Der Text gibt zu verstehen, dass es mit dem Begriff der ‹Einfachheit› Komplikationen gibt. Irgendeine Art innerer Gliederung der unendlichen Gottheit scheint es ihm zufolge doch zu geben, sonst könnte die Vorstellung von ‹Teilen› oder inneren Rhythmen der Gottheit nicht aufkommen. Diese Vorstellung wird evoziert, um überwunden zu werden.

Die göttliche Einheit ist als inhaltsreich, sozusagen als ‹gefüllt› zu denken, aber als homogen, als das ganze Sein, überall und gleichzeitig, das deswegen über allen Seienden steht, *super et extra*.

Noch ist es zu früh, über die Gesamtheit der vierundzwanzig Sprüche zu urteilen. Doch die Sätze I bis III zeigen logischen Zusammenhang. Sie skizzieren kohärent eine philosophische Theologie und eine neuplatonisierend konstruierte Trinitätslehre.[30]

Der alte Kommentar bringt wesentliche Zusätze. Er erklärt, dass wir das Wesen der Gottheit wissen, und sagt, diese Definition werde gegeben aus dem Nachdenken über das Wesen der Gottheit in ihrer Einfachheit. Sodann hält er, These II fortführend, fest: Die Gottheit ist überall ganz. Sie ist das ganze Sein und eben deswegen über und außerhalb von allem Sein. Diese göttliche Ganzheit ist *super* und *extra*. Ihr allumfassendes Sein denken wir, wenn wir sie als über dem Sein stehend denken. Von ihr sagt Definition XX: *Est superessentialiter* (XX h S. 27, Z. 7; hier S. 65). Von ihr müssen wir beides denken: dass sie ist und dass sie über dem Sein steht, das Grenze und Nichtsein sagt.

Der Kommentar legt einen starken Akzent auf die Autarkie der Gottheit: Ihre innere Kraft der Selbstdurchdringung versagt nie; Fremdeinwirkung, die sie mindern könnte, ist ausgeschlossen, also bestimmt sie durch sich selbst alles, was zu ihr gehört.

IV. Gott ist Geist, der ein Wort erzeugt und dabei Verbindung wahrt.

DEVS EST MENS ORATIONEM GENERANS, CONTINVATIONEM PERSEVERANS.

Diese Definition spricht das charakteristische Leben der Gottheit aus, je nach ihren verschiedenen Wesensseiten:
 Denn als Erzeuger zählt sie sich aus, indem sie erzeugt,
 als zu Erzeugende macht sie sich zum Wort (verbificat se), *weil sie erzeugt wird,*
 wesensgleich wahrt sie die Verbindung, indem sie sich als Hauch verhält (se habet spirando).

Haec definitio dicit vitam propriam secundum rationes diversas ipsius essentiae deitatis.
 Numerat enim se genitor gignendo;
 genitura vero verbificat se quia gignitur;
 adaequatur vero per modum continuationis, se habet spirando.[31]

Gott ist Geist, der sich ausspricht und mit seinem Ausgesprochenen in wesenhafter Verbindung bleibt.

Wiederum überrascht die Erkenntniszuversicht. Die Gottheit, weiß der Philosoph, ist Leben, und das Wesen der Gottheit, das er kennt, hat verschiedene Seiten oder Tätigkeiten, seiner Einfachheit ungeachtet. Der mittelalterliche Kommentar sagt auch in der ältesten Textform (H S. 156), die vierte Definition beruhe auf den verschiedenen *rationes* des göttlichen Wesens. *Rationes* kann vieles heißen: Wesensgründe, Gesichtspunkte, Argumente, auch Momente.[32] Ich habe übersetzt mit ‹Wesensseiten›, obwohl die unendliche Kugel keine Seiten hat. Ich wollte damit festhalten: Der Text beschreibt nicht bloß subjektive Einteilungen, was die Betonung des Auffassens, des *acceptus*, in I (I h S. 5, Z. 5; hier S. 26) hätte nahelegen können. Der Text beschreibt den drei-einigen Lebensrhythmus der unendlichen Einheit. Gott, sagt er, ist Geist, der ein Wort, einen *logos*, hervorbringt. Das ist antike Philosophie, vom Prolog des Johannesevangeliums übernommen. Sie hat zwei Elemente: Geist und Rede oder Wort. Vielleicht sollte man *oratio* mit ‹Rede› übersetzen, auch mit ‹Sprache›. Der Autor meidet das theologische Fachwort ‹Wort›.

Bleiben wir zunächst bei ‹Geist›. Was könnte sich ein Autor oder ein älterer Leser dabei gedacht haben? Nehmen wir an, er habe Aristoteles gelesen, dann mochte er denken:

Gott, das ist Wissen, ist Wissen seiner selbst, also in sich zurückkehrendes Wissen.

Gott ist Leben, weil er sich denkend aus sich selbst und in sich selbst bewegt.

Gott schaut sich selbst an; er lebt in dieser Selbstanschauung; er ist Glück in seinem intellektuellen Leben.

Der Ausdruck ‹Wort› (*verbum*) war in Antike und Mittelalter üblich für *logos*, aber der Autor zieht ‹Rede› (*oratio*) vor, vielleicht, weil diese Vokabel die geeinte Vielheit der Weltinhalte andeutet. Doch war *oratio* ungewöhnlich. Noch Lorenzo Valla bekam im 15. Jahrhundert Schwierigkeiten, weil er *verbum* vermeiden und statt dessen bei der Übersetzung des Prologs des Johannesevangeliums *sermo* sagte.

Spruch IV klang im Mittelalter fremdartig. Es scheint, kein einziger christlich-mittelalterlicher Autor habe diese These zitiert. Dabei enthält sie die korrekte Trinitätslehre in philosophischer Umschreibung und nähert sich in der ‹Normalfassung› der gewohnten Diktion, indem sie vom Wesen der Gottheit sagt, es ‹worte› sich, *verbificat se*.

Die vierte Definition sagt: Gott spricht sich und die Welt in einer Rede aus. Er geht aus sich heraus, aber so, dass der Rückgang immer gewährt ist. Die Ersteinheit zählt sich aus; sie tritt zur Zweiheit über; sie ver-wortet sich, verbalisiert sich, sie nimmt das Universum idealer Strukturen in sich auf, verliert aber nie dabei – wie wir – den Selbstbezug. Gott, das ist das, was in verständiger Rede aus sich herausgeht und immer schon zu sich zurückgekehrt ist. Die Gottheit verbindet Erzeuger und Erzeugtes in sich. Sie *ist* diese Verbindung.

Dies ist Trinitätsphilosophie, aber wiederum sind die antiken Konzepte grundlegend. Die spezifisch christliche Sprache, selbst der Ausdruck *verbum* ist vermieden. Das dritte Moment, das der Rückkehr, ist als *continuatio* verfremdet; ein späterer Zusatz (?) spielt aber mit dem Wort *spirando*, als ‹Hauch› auf die christliche Umschreibung des Heiligen Geistes an.

Dass Gott *mens* ist, steht auch bei Aristoteles, sowohl im dritten Buch der Schrift *Über die Seele* wie im zwölften Buch der *Metaphysik*. Dass er eine Rede hervorbringt, ist neuplatonisch. Dass ein drittes Moment – vielleicht die Weltseele – die Rückkehr zum Ursprung betreibt, ist platonisch, ist neuplatonisch und in der Antike auch sonst weit verbreitet. Wenn diese Trinitätstheorie von einem Christen formuliert worden ist, dann bewegt er sich in antiker Diktion. Dann sagt er den Theologen: Was ihr als Offenbarung glaubt, das haben Philosophen vorher gewusst und gesagt. Sie haben Gott verstanden als sich auszählenden Erzeuger, als *genitor numerans* – ihr sagt dafür ‹Vater›; als sich in seinem Erzeugten verwortend, als genitura se *verbificans* – wofür ihr ‹Sohn› sagt, auch als bleibende Verbundenheit, als *continuatio* – wofür ihr ‹Heiliger Geist› sagt.

V. Gott ist das, worüber hinaus Besseres nicht gedacht werden kann.

DEVS EST QUO NIHIL MELIVS EXCOGITARI POTEST.

Diese Definition erfolgt im Hinblick auf das Ziel.

Denn die Einheit ist Ziel und Vollkommenheit. Die Einheit des Ziels ist das Gute. Je mehr eines, um so mehr das Gute.

Die Freude über die Wahrheit jeden Wesens ist sein Leben, kommt doch jedes Leben aus der Einheit, und diese entspringt der inneren Ungeteiltheit. Je mehr ein Wesen eines ist, umso mehr lebt es. Ihre Einheit aber ist die höchste.

Haec definitio data est a fine.
Unitas vero finis est et perfectio. Quod ergo sonat hoc, bonum est, et quanto magis, tanto magis bonum.
Gaudium ergo veritatis omnis essentiae sua vita est, vita quidem omnis ab unitate, haec autem ab interiori indivisione. Quanto igitur magis unum, tanto magis vivit. Sua unitas summa est.

Die umfanglose Kugel ist unendlich auch in ihrer Vollkommenheit. Denkt jemand etwas Vollkommeneres, dann ist eben dieses Gedachte die Gottheit. Der Vorgriff des Denkens über jede gegebene Vorstellung hinaus ist in dieser Definition Gottes enthalten.

Einheit, sagt der Kommentar, ist keine abstrakte Zusammenfassung, sondern Vollkommenheit und Leben. Einheit ist Gutheit, und je einheitlicher etwas ist, aufgrund innerer Ungeteiltheit, nicht aufgrund äußerer Organisation, um so mehr lebt es. Das Lebendigste, weil am wenigsten geteilte, ist – nach Ausspruch III – das Vollkommenste.

Geschöpfe haben teil an dieser Vollkommenheit: ihr Leben, das ist die Freude über die Wahrheit ihres Wesens. Grundlegend ist hier der Begriff des Lebens – als innere Konzentration auf sich selbst, als gesteigerte Einheit, als Freude darüber, dass das eigene Wesen seine Wahrheit hat. Lebendigkeit als Form der Einheit – dieser Gedanke bildet eines der Momente der Kohärenz des ganzen *Liber*.[33]

Zwischen Definition V und Kommentar besteht folgender Zusammenhang: Der fünfte Ausspruch erklärt, wie Gottes Vollendetsein – dass er Endziel (*finis*) ist, also das denkbar höchste Ziel jeden Strebens – gedacht werden soll, nämlich so, dass er jeden denkenden Vorgriff übersteigt. Er übertrifft jeden Vorschlag, sich etwas Besseres als ihn auszudenken. Die Formel für *Deus* als das, worüber hinaus Besseres nicht gedacht werden kann, hat eine lange Geschichte. Sie läuft darauf hinaus: Wird etwas Vollkommeneres gedacht als ein gegebenes Gotteskonzept, dann ist eben dieses Vollkommenere der wahre Gott, der Gott, welcher der Vernunft entspricht.

Dies ist der Ausgangspunkt für den berühmten Gottesbeweis Anselms in seinem *Proslogion*. Anselm hat darauf bestanden, sein Argument funktioniere nicht, wenn Gott einfach als ‹das vollkommenste Wesen› definiert wird, sondern nur, wenn wir ihn bestimmen als das Wesen, über das hinaus Vollkommeneres nicht gedacht werden kann. Nur dann wird der Vernunftvorgriff als einzig seinem Wesen entsprechend mitgedacht; nur ein solches Wesen sei dem Denken unvermeidlich. Das heißt: Nur ein solches Wesen könne nicht nicht existieren. Nur ein solches Wesen existiere mit Notwendigkeit, so dass sein Nichtsein nicht einmal gedacht werden könne.

Unser Text beweist nicht, dass sein Verfasser Anselms *Proslogion* gelesen hat. Der Gebrauch dieser Formel belegt nicht, dass der *Liber* nach 1077 verfasst ist, dem Jahr, in dem Anselm in Bec sein *Proslogion* schrieb. Denn Anselm fand die Formel ‹Gott ist das, worüber hinaus Größeres nicht gedacht werden kann› vor, bei Seneca in den *Quaestiones naturales* I 1. Von Seneca könnte sie auch unser Verfasser haben. Ich sage nicht, der *Liber* sei vor Anselm geschrieben. Nur war Anselms Ausgangsformel viel älter.

Der Kommentar zu Satz V nimmt einen ganz anderen Gang als Anselm; er gibt keinen Gottesbeweis, sondern erklärt den Zusammenhang von Einheit, Vollkommenheit, Freude über das eigene Wesen, das eigene Leben.

Diesen Zusammenhang zu verstehen und die Bauelemente der bisherigen Definitionen zusammenzuhalten, hilft das 12. Buch der *Metaphysik* des Aristoteles, besonders dessen 7. Kapitel. Ob der Verfasser oder Redakteur dieses Buch gelesen hat, ist hier nicht zu entscheiden; die Elemente von dessen philosophischer Theologie waren auf indirektem Wege weit verbreitet, sowohl in der griechischen wie in der arabischen und der lateinischen Welt: Gott ist die allumfassende Einheit, nach Definition I und II. Er ist Geist. Das sagt Satz IV. Geist, das ist bei Aristoteles wesenhafte Aktivität, das Denken seiner selbst und der Wahrheit. Geist, das ist Tätigkeit und Leben. Es ist ein Leben in der Wahrheit; es ist Freude und Lust. Es ist seliger Selbstbesitz.

Auf dieser Grundlage dachten neuplatonische Denker weiter, Plotin, Porphyrius, teilweise auch Augustin:[34] Die Einheit spricht sich im *logos* aus. Sie ist aber immer schon in sich zurückgekehrt, verlustlos. Dies hält Spruch IV fest als die Einheit von Erzeugen – gleich Zählen nach Definition I –, Sichverbalisieren und beständiger Verbindung beider. Vollkommeneres als diese höchste Einheit, die Geist, Weltdurchsicht und Selbstbesitz ist, kann nicht gedacht werden. Und dieses Vollkommenste, das gedacht werden kann, das ist Gott.

Der Kommentar spricht nicht isoliert von einer jenseitigen Gottheit; er nennt allgemeine metaphysische Einsichten: Jedes (!) Wesen hat Freude an der Wahrheit seines Wesens; diese Freude ist sein Leben; diese Freude entspringt seiner inneren, ideengeprägten Einheit. Sie ist kein Privileg einer isoliert vorgestellten Gottheit; sie durchdringt das Ganze. Es gibt Stufen der Einheit, folglich auch des Lebens – innerhalb der unendlichen Einheit, die stufenlos, unteilbar ist.

Der Kommentar erklärt, diese Definition Gottes erfolge im Hinblick auf *finis*, auf Ende und Ziel. Die Einheit selbst ist das Ziel. Sie hat das Ziel in sich, und jedes Wesen hat Teil an diesem Selbstzweckcharakter.

VI. Gott ist das, in Bezug auf das jedes Wesen nur eine Eigenschaft und jede Eigenschaft nichts ist.

DEVS EST CVIVS COMPARATIONE SVBSTANTIA EST ACCIDENS, ET ACCIDENS NIHIL.

Diese Definition beruht auf dem Gesichtspunkt der Beziehung.

Träger der (relativen) Eigenschaft ist deren eigene Substanz, aber zusammen mit einer anderen Substanz. Verschwindet diese, vergeht auch die Eigenschaft, also das ihr eigentümliche Wirken.

Aber in seiner Beziehung zum ersten Grund ist jedes Wesen Eigenschaft, und die Eigenschaft ist nichts. Der Substanz liegt das Nichts als das ihr Fremde zugrunde (et substat nihil substantiae ut alienum). *Das göttliche Wesen ist seine eigene Substanz, die nicht im Fluss ist.*

Haec definitio datur sub relatione.
Subiectum quoque accidentis propria substantia est cum aliena.
Quae aliena si recedit, perit accidens, id est proprietas agens.
Relatione ergo ad primum agens omnis substantia accidens est, et accidens nihil, et substat nihil substantiae ut alienum: substantia divina est ut substantia propria quae non fluit.

Der aristotelisch geschulte Leser – und das waren bis etwa 1800 alle europäisch Gebildeten – atmete hier auf. Er traf auf ein Begriffspaar, das er kannte: Substanz und Akzidens. Die Substanz, das ist dieser Mensch da, das Akzidens ist seine Farbe oder seine Größe. Bäume, Tiere sind ebenfalls Substanzen, und jede Substanz hat viele Eigenschaften, die sich in zehn Großgruppen oder Kategorien einteilen lassen. Dies war Schulstoff seit der Antike. Diese Denkart hielt an, von der Erfahrung auszugehen. Das verstand jeder. Das Weltsystem bestand aus einer Vielzahl von Substanzen mit einer Vielzahl von deren Eigenschaften; die Substanzen waren das Bleibende, Tragende, Grundlegende, das wirkliche Sein, mochten sie auch in letzter Instanz getragen sein von der Ursubstanz, an der alle Substanzen mit ihren Eigenschaften hingen.

Aber unsere Definition sagt: Ihr müsst die Kategorie der Relation verstehen. Was relativ ist, hängt von einem Fremden ab. Verschwindet dieses Fremde, verschwindet auch der darauf bezügliche Seinsbestand. Bei relativen Eigenschaften seid ihr an dieses Verschwinden gewöhnt, bei Substanzen nicht. Aber im Licht der göttlichen Einheit gesehen, haftet der Substanz das Nichts an. Das sagt nicht etwa eine mystische Grübelei, sondern die einfache Einsicht: Ein Pferd ist *nicht* ein Baum. Alles, was ist, schließt anderes aus. Es ist selbst ein Anderes. Dieses Ausschließen ist die Gegenwart des Nichts in der scheinbar feststehenden Substanz. Was ihr als Substanz anseht, ist keine wahre Substanz. Es hat in sich den immanenten Ausschluss, also das Nichts. In der unendlichen Einheit verschwindet das Nichts und also auch die von ihm gezeichnete Substanz. Sie hängt an der Ersteinheit wie deren bloße Eigenschaft, nicht als wäre deshalb die Einheit ihr dinghafter Träger. Sie ist das allein Bleibende, Tragende, Grundlegende; es gibt nicht vielerlei Sein, sondern nur das eine. Die Eigenschaften, die ihr als Instanz anerkennt, sind das reine Nichts im Verhältnis zur Ersteinheit.

Gott denken, das heißt: die gewöhnliche Hierarchie von Ding und Eigenschaft hinter sich lassen. Was Eigenschaften hat, steht in einem Verbund mit anderen Wesen; seine Eigenschaft ist von diesem mitbewirkt, ist fremdbestimmt, ist bezüglich wie ein Sohn zum Vater.

Auch die Substanz ist relativ; sie hat das ihr fremde Nichts in sich und verschwindet mit diesem. Das Erste, das nur sich selbst auszählt, keine Fremdbestimmung kennt, das ist Gott.

Gott ist das einzige Wesen. Er erscheint im Vielerlei. Ihr nennt diese Erscheinungen Substanzen, aber sie sind keine Wesen, sondern flüchtige Erscheinungen an ihm. Gott ist die einzige Substanz.

Der Satz: ‹Der Substanz liegt das Fremde als ihr Nichts zugrunde›, *substat nihil substantiae ut alienum,* enthält den philsophischen Kern des Kommentars. Er fehlt aber in der ätesten Handschrift, Laon 412 (H S. 160). Die älteste Handschrift muss nicht immer die beste sein. Das ist einer der Gründe, weshalb ich den im Mittelalter verbreiteten Text nach h und nicht den der ältesten Handschrift nach H übersetze.

VII. Gott ist Grund ohne Grund, Prozess ohne Veränderung, Ziel ohne Ziel.

DEVS EST PRINCIPIVM SINE PRINCIPIO, PROCESSVS SINE VARIATIONE, FINIS SINE FINE.

Diese Definition erfolgt aufgrund des spezifischen Wesens.

Der Erzeuger erhält die Bestimmung ‹Erster› aufgrund des erzeugten Wesens, aber nicht in dem Sinn, als gebe es vor ihm etwas. Der Gezeugte allerdings geht hervor aufgrund der Erzeugung im Hinblick auf das Ziel, erleidet aber keine Veränderung, weil er ein Mittleres ist.

Die Definition sagt: Das Ziel des Erzeugers und des Erzeugten, die diese Namen verdienen, ist dasselbe, denn das göttliche Leben ist nur ein einziges Leben mit einem einzigen Mittleren. Ziel ist es, aber nicht als ein anderes, das durch Handlung erreicht werden müsste – wie bei einer Veränderung die Ruhe.

Haec definitio est secundum speciem data.
Genitor vero primum capit ratione geniturae, sed non sic primo ut non prius. Genitus vero procedit generatione in finem, sed non recipit variationem natura medii. Intendit enim quod idem est finis vero nomine generantis et geniti, quia non est vita divina nisi unum medio[35] *tantum; sed non est finis ratione operis, ut quies et motus.*

Wieder erfolgt eine drei-einige Bestimmung: Gott als Anfang ist Grund ohne Grund; Gott als Mitte ist Heraustreten aus sich ohne Veränderung, Gott als Ende ist ohne Ende.

Der Erzeugende ist Prinzip; er hält und erfasst als Erster das Erzeugte, hat selbst kein Prinzip.

Der Erzeugte geht hervor als Ziel des Erzeugenden. Dieses ‹Ziel ohne Ziel› besteht in der immer schon erreichten Realität der gemeinsamen Natur von Erzeuger und Erzeugtem, nicht außerhalb, so dass das Ziel erst noch erreicht werden müsste. Ziel (*finis*) hat hier nicht den Sinn eines Handlungsziels, das noch ‹verwirklicht› werden soll. Es ist der immer schon erreichte Selbstzweck.

Gott ist nicht nur eine Phase im Weltprozess. Er ist das Ganze.

Die These hat zwei Spitzen: einmal gegen die Neigung, Gott auf das Grundsein oder das Zielsein einzuengen und ihn in diesem Sinne ‹jenseits› zu wähnen. Er ist alles in allem. Er ist Mitte und Ende ebenso, wie er der Anfang ist.

Die zweite Spitze richtet sich gegen das schlichte Weiterreden in weltlichen Bestimmungen. Auch die Bestimmungen ‹Grund› oder ‹Ziel› sind zu potenzieren, zu reinigen, zu negieren: Ein Grund, der keinen Grund hat, ist in einem anderen Sinne Grund als jeder innerweltliche Grund. Ein Ziel, das kein Ziel mehr hat, hebt die Bestimmung Ziel ebenso auf, wie es sie in sich verwirklicht. Das Handeln der unendlichen Einheit hat sein Ziel immer schon erreicht. Es *soll* nicht erst werden; es *ist*.

Wichtig ist die mittlere Bestimmung: Gott als Medium, als Hervorgang, als *processus*, aber ohne dinghafte Veränderung. Er verliert sich nicht im Prozess.

Die Definition sagt nicht, sie beschreibe den Weltprozess. Sie sagt nicht, sie rede von der christlichen Trinität. Christen bezogen sie auf die Dreieinigkeit: Der Grund des Sohnes hat keinen Grund, der Vater erzeugt den Sohn oder das *verbum*, nicht um etwas zu erreichen. Dieses geht hervor, ohne Wesensänderung. Es ist substantielle Rückwendung auf ein Ziel, das es nicht bewirken oder erreichen muss, wie dies bei Zielen sonst der Fall ist, sondern als immanente Teleologie. Der siebte Philosoph legt sich mit seiner Definition nicht fest auf Kosmologie oder Trinität. Manche mittelalterliche Kommentatoren beunruhigte dies, sie sahen ihre Aufgabe darin, hier eindeutig ihre Trinität wiederzufinden. Wir haben diese Sorge nicht. Wir können offenlassen, was der Text ungesagt lässt. Wir heben hervor, was der Text sagt: Er beschreibt das Göttliche als Leben, *vita divina* (VII h S. 13, Z. 8; hier S. 45). Wie im Kommentar zur V. Definition geht es um das Thema ‹Leben›, wie in XV (XV h S. 22; hier S. 59) und in XIX (XIX h S. 26, Z, 4; hier S. 64). Nach dem Kommentar zur V. Definition (V h S. 11, Z. 4–5; hier S. 40) hat jedes Wesen etwas vom göttlichen Selbstzweck. Zu leben um zu leben, zu handeln ohne äußeres Ziel, das ist eigentlich ‹Leben›. Diese Zweckfreiheit ist kein Privileg einer abgetrennt-jenseitigen, göttlichen Substanz.

VIII. Gott ist die Liebe, die sich desto mehr verbirgt, je mehr wir sie haben.

DEVS EST AMOR QVI PLVS HABITVS MAGIS LATET.

Diese Definition erfolgt im Hinblick auf die Wirkung.

Im ersten Grund ist das, woher sein Leben stammt, dasselbe, woher alles Leben stammt. Daher ist er als er selbst die Quelle der Liebe in ihm.

Wenn das geschaffene Wesen sich gänzlich hinneigt auf die Einheit von Erzeugendem und Erzeugtem, wenn es also zurückkehrt zu seinem Grund auf die Weise des Rückgangs, dann ist dies die wahre Liebe des Geschaffenen, denn auf dieses Ziel hat er das Geschaffene hingeordnet. In dem Maße, in dem du dich mit ihm vereinst, in dem Maße wirst du erhoben, und entrückt er ins Erhabene.
Und das ist sein Verborgensein.

Haec definitio data est per effectum.
In prima causa id a quo vita et est ipsum a quo vita tota. Igitur id ipsum est fons amoris in illo.
Quod si rei creatae unitas generantis et geniti ad illam penitus se inclinat, revertendo per viam regressionis, tunc est id ipsum amor creaturae, prout ordinata est creatura ab ipso cui quanto magis te unificaveris, tanto exaltaberis et tanto elevabitur.
Et hoc eius latere est.[36]

Gott ist die Liebe, *amor*, und Quell aller Liebe. Er ist das Ganze des Lebens, er ist alles Leben (*vita tota*). Die Liebe der Kreaturen ist ihre Rückkehr zum Quell der Liebe. Je mehr sie diese erreichen, um so mehr verbirgt sie sich. Gott ist das, was man unmöglich besitzen wollen kann.

An diesem ‹er verbirgt sich› (*latet*), das auch die älteste Handschrift und ihr Kommentar unterstützen, haben sich schon mittelalterliche Leser gestört. Einige Abschreiber ersetzten es durch ‹er gefällt› (*placet*); sie dachten sich ihr Gottverhältnis lustvoller, glücklicher. Übrigens las auch Meister Eckhart hier *placet*. Aber *latet* passt gut. Wenn die einzelnen Substanzen, an denen sich unser Blick und unser Denken festmachen könnte, also dieser Mensch und dieser Baum, nicht wirklich selbständig sind, sondern Eigenschaften des Urwesens, dann geht die Übersicht verloren, nicht weil Gott einen unerforschlichen Willen hätte, sondern weil er die Alleinheit ist. In diesem Meer des Seins gibt es keine Balken, auf die wir distinkte Erkenntnisse aufbauen könnten. Deswegen übersetze ich das *latet* der achten Definition nicht als: ‹er entzieht sich›. Er zeigt sich vielmehr als verborgen. Je mehr wir uns ihm zuwenden, also das Weltgesetz von Hervorgang und Rückkehr an uns vollziehen, je mehr wir über ihn nachdenken, um so verborgener wird er uns, nicht als ferner Weltenkaiser, nicht als unbekannte Willensenergie, sondern als Alleinheit, die Liebe ist, weil sie alles belebt, alles bewegt, alles auf sich hinbewegt und beseligt. Es ist keine Düsternis in dieser Verborgenheit. Der Philosoph bangt nicht, ob sein Gott ihm gnädig ist. Gott ist die Liebe. Er kann nicht anders als gnädig sein. Er verbirgt sich nicht künstlich oder pädagogisch oder drohend. Er ist verborgen, weil er ein und alles ist.

Diese These handelt von der Liebe, welche die unendliche Einheit in den Geschöpfen bewirkt, sie zur Rückkehr bewegend. An dieser einzigen Stelle redet der Autor den Leser direkt an: Durch die Liebe zu ihm wirst du erhöht, und Er entrückt ins Erhabene.

Der *Liber* will auch Lebenslehre sein. Er rät: Vereinige dich mit dem Einen, mit dem du immer schon vereint bist.

IX. Gott ist das, dem allein alles gegenwärtig ist, was der Zeit gehört.

DEVS EST CVI SOLI PRAESENS EST QVIDQVID CVIVS TEMPORIS EST.

Diese Definition beruht auf der Wesensgestalt.

Das Ganze sieht mit einem einzigen Blick alle Teile, der Teil sieht hingegen das Ganze nur in je verschiedenen, aufeinander folgenden Ansichten. Die Gottheit ist daher die Gesamtheit der aufeinander folgenden Wesen. Ihr Blick ist daher ein einziger und ohne zeitliche Abfolge.

Haec definitio est secundum formam.

Totum quidem uno aspectu omnes partes videt, pars vero totum non videt, nisi diversis respectibus et successivis. Propter hoc deitas est successivorum totalitas. Unde intuitus eius unicus est, non consequenter factus.

Wir Menschen haben immer nur Begrenztes gegenwärtig. Unser Zeitbewusstsein läuft über eine enge Schwelle; es *ist* eine enge Schwelle. Selbst vieles, was wir wissen, ist uns im Augenblick nicht gegenwärtig; viel mehr noch war uns nie gegenwärtig. Gott ist das, bei dem es keine Schwelle des Zeitbewusstseins gibt. Er ist die Totalität. Auch was in sich zerstreut ist, das Zeitliche, ist in ihm unzerstreut gegenwärtig. Die drei Zeitdimensionen fallen in ihm zusammen. Er enthält die Wesensformen aller Dinge in sich. Er ist die *totalitas successivorum*, die Totalität von allem Sukzessiven. Daher unterliegt er als einziges Wesen nicht der Sukzession. Er ist als einziges Wesen von nicht-nachträglicher Unendlichkeit; er ist das Ganze, Weltdinge und Weltereignisse bezeichnet der Kommentar metaphorisch als seine Teile (*partes*).

X. Gott ist das, dessen Können nicht gezählt,
dessen Sein nicht eingeschlossen,
dessen Gutsein nicht begrenzt wird.

DEVS EST CVIVS POSSE NON NVMERATUR,
CVIVS ESSE NON CLAVDITVR,
CVIVS BONITAS NON TERMINATVR.

Diese Definition wird evident aus der vierten und der siebten.
Im Können erschaffener Wesen tritt erstmals die Zahl auf, denn hier führen Wirkungen in größerer oder geringerer Zahl das Mögliche zum Wirklichen. Sind es unendlich viele, nennt man das ‹unmöglich›. Dasjenige aber, von dem alles in Wirklichkeit geführt wird, hat unendlich viele Wirkungen; deswegen wirkt es in einem einzigen Augenblick. Wo es aber eine unendliche Anzahl derer gibt,

die auf Wirklichkeit hingeordnet sind und wo es Widerstand gibt, kann es zu keinem Ergebnis kommen.

Jedes Sein bedeutet Einschließung (clausio) *einer Endlichkeit. Daher gibt es vom Mittelpunkt bis zu seinem Sein nur endlich viele Tätigkeiten. Im göttlichen Sein ist es nicht so, sondern da gibt es vom Mittelpunkt bis zum Äußeren und Verwirklichten unendlich viele Wirkungen. Deswegen ist seine Einschließung unendlich. Unendliche Verwirklichung ist hier nicht unmöglich, da es mit Notwendigkeit existiert.*

Daraus folgt: Auch für das Zurückgehen (zum ersten Grund) ist die unbegrenzte Gutheit der sicherere Weg, der vom Sein zur Einheit des Mittelpunktes führt.

Haec definitio patet per quartam et septimam.

In posse creato, et primo inventus est numerus, secundum plura aut pauciora opera educentia possibile ad actum, quia, si sint infinita, impossibile dicitur. Eius enim quod fiet ab eo actu sunt infinita opera; unde subito operatur. Ubi vero est infinitus numerus ordinatus ad actum et invenitur resistens, non poterit evenire.

Omne esse clausionem dicit finitatis alicuius. Unde a centro ad esse eius sunt operationes finitae. In divino esse non est sic, sed opera infinita a centro ad extimum et actum. Unde sua clausio infinita est et actu non impossibilis, nisi quia necesse existens.

Unde sequitur quod etiam redeundo est interminata bonitas via securior ab esse in unitatem centri.

Gott, das ist das, dessen Können nicht gezählt wird, dessen Sein nicht eingeschlossen ist, dessen Gutsein nicht begrenzt wird. Den Verfasser bewegen nicht Allmachtsphantasien, sondern ein mathematikphilosophisches Argument: Die Zahlen fassen bzw. erschöpfen nicht die Eins, die sie zu Zahlen macht.

Drei Grundbegriffe: Können – Sein – Gutsein. *Posse, esse, bonitas.* Alle als unendlich, als unbegrenzt denken, das heißt Gott denken.

Die Einheit selbst wird nicht gezählt; ihre Produktivität *gibt* allem die Zahl, die proportionale Struktur. Sie schafft, indem sie zählt; sie unterliegt nicht selbst der Zahl.

Alles Endliche hat ein eingeschlossenes Sein und Gutsein. Es bildet sozusagen eine kleine, eine überschaubare, eine finite Kugel an Sein und Tätigkeit. Seine Wirkungen sind gezählt und sind überschaubar. Seine Umfangslinie ist auffindbar. Gott ist das, dessen Umfang nicht zu finden ist. Seine Einschließung ist unendlich, d. h. sie ist keine Einschließung. Sie schließt nichts ein und nichts aus.

Hier ist der Kommentar bemüht, *Das Buch der 24 Philosophen* als Einheit zu erweisen. Dies erreicht er einmal durch Rückverweis auf die Sätze IV und VII: Die unendliche Einheit lebt ihr vollkommenes Leben; sie ist ein Ziel, das immer schon erreicht ist. Zwischen ihrem Handeln und dem Ziel gibt es keinen Widerstand und keine Zeit. Außerdem nimmt der Kommentar das Bild von Kugel und Zentrum aus der zweiten These noch einmal auf: Auch die Geschöpfe haben ein Zentrum, aber von ihm zu ihrem Sein sind es viele Schritte. Sie brauchen viele Bewegungen und Handlungen. Erfolg haben sie mit ihrem Tun nur bei endlicher Anzahl und bei überwindbarem Widerstand. Unendlich viele Operationen sind bei ihnen unmöglich. Die unendliche Einheit wirkt zeitlos unendlich viele Handlungen. Sie hat den Weg vom Zentrum zum Äußersten und Verwirklichten immer schon durchschritten. Das ist ein anderer Ausdruck dafür, dass das Bild des Mittelpunkts sich auflöst. Er ist überall.

Der Kommentar hält wichtige Punkte fest: Sein ist Begrenztsein. *Omne esse clausionem dicit.* Dann muss die unendliche Einheit als Über-Sein gedacht werden, ein durchgehendes Motiv unseres Textes.[37]

Der Kommentar versteht Gottes Lebendigkeit als unendliche Aktivität vom Zentrum zur Verwirklichung (*ad actum*). Wie frühere Neuplatoniker beschreibt er Tätigkeit mit den aristotelischen Termini als Übergang vom Möglichen zum Wirklichen. Er lehrt vom göttlichen Sein, es vollziehe unendlich viele Operationen vom Zentrum zum Äußeren. Aber ein Äußeres gibt es nicht für die unendliche Sphäre.

Der Schlusssatz erklärt, auch für die Rückkehr der Geschöpfe sei die unendliche Gutheit der sichere Weg. Sie zieht sie unfehlbar an. Der Kommentar verbindet diesen Gedanken aus dem XII. Buch der *Metaphysik* des Aristoteles mit der Metapher der umfanglosen Kugel. Er greift das Bild der unendlichen Sphäre erneut auf. Zuvor hat er die X. Definition als Folgerung aus der vierten und siebten erklärt. Damit betont er sowohl sprachlich-atmosphärisch wie logisch die Einheit des Buches.

XI. Gott ist jenseits des Seins, ist notwendig und genügt als einziger sich im Überfluss selbst.

DEVS EST SVPER ENS, NECESSE, SOLVS SIBI ABVNDANTER, SVFFICIENTER.

Diese Definition beruht auf der Wesensgestalt (forma), *aber sofern sie bezogen wird.*

Jedes Sein bedeutet Einschließung. Was nicht eingeschlossen wird, steht folglich jenseits des Seins. Notwendigkeit kommt ihm zu, da Mangel es nicht erreicht, da es nicht eingeschlossen, sondern von unendlicher Möglichkeit ist. Sein Übersein wird dabei nicht zerkrümelt, weil es nie von sich weggeht, ohne zu sich zurückzukehren. Es ist das Ganze: keine Bedürftigkeit, sondern Überströmen.

Haec definitio formalis est, sed relata.

Esse omne clausionem dicit. Superest igitur qui non clauditur. Et necesse quia malum non habet quia non clauditur, sed infinita possibilitate. Nec sic distrahitur suum superesse quin redeat a se in se, et non totum indigenter, sed exuberanter.

Sein ist nicht der höchste Begriff. Gott wird unterbestimmt, wenn wir ihn ‹Sein› oder auch ‹das subsistierende Sein› nennen. Besser wäre schon, dachte Cusanus, wenn wir ihn mit Satz X ‹unerschöpftes Können› nennen. Was ist, ist etwas und daher begrenzt. Ihm steht anderes gegenüber, das es nicht ist. Zum Beispiel steht im gewöhnlichen Theismus Gott die Welt gegenüber. Diese Vorstellung verliert angesichts der unendlichen Kugel jeden Sinn. Alles ist innerhalb ihrer. Das einzelne Weltding ist dem Zufall ausgesetzt, nicht-notwendig, es braucht andere Wesen. All dies trifft bei der unendlichen Kugel nicht zu.

Gott ist jenseits des Seins. Die Formel ist platonisch.[38] Nicht-Philosophen halten sie bloß für eine überstiegene rhetorische Figur, die Gottes Transzendenz herausheben soll. Aber es handelt sich um folgenden philosophischen Gedanken: ‹Seiend› wie ‹Nicht-Seiend› sind einheitliche Bestimmungen, also ist ‹Einheit› eine umfassendere Bestimmung als ‹seiend›. ‹Sein› und ‹seiend› sind Strukturelemente der Weltwirklichkeit, wie ‹Nicht-sein› und ‹nicht-seiend›. Daher hieß es im Kommentar zu VI, das Nichts sei Grund oder das Zugrundeliegende der Substanz. Beiden vorgeordnet ist das Eine, die unendliche Kugel, die alle Gegensätze in sich enthält. Wenn sie aus sich herausgeht, ist sie immer schon in sich zurückgekehrt. Sie hat kein zerstreutes Dasein wie wir.

Der Kommentar erklärt, in welchem Sinn die unendliche Einheit ein Über-sein, *superesse*, sein muss: Sie ist allumfassend, unbegrenzt. Sie ist notwendig, weil ihrer unendlichen Wirkmacht nichts entgegensteht, das ihr ein Schicksal zufügen könnte. Sie ist nicht auseinandergezogen, nicht in die Vielheit hinein zerstreut, sondern in sich konzentriert. Eine neue Nuance bei der Beschreibung des Lebensganzen: Es ist in sich konzentriert; es hat die Kreisbewegung von sich zu sich immer schon vollzogen. Es vollzieht sie nicht aus Bedürftigkeit; es gewinnt durch sie nichts hinzu; sondern es *tätigt* sie ziellos als die ihm eigene Art von Einheit, d. h. von Leben.

XII. Gott ist das, dessen Willen seiner gottschaffenden Macht und Weisheit gleichkommt.

DEVS EST CVIVS VOLVNTAS DEIFICAE ET POTENTIAE ET SAPIENTIAE ADAEQVATVR.

Wollen, Wissen und Können sind Handlungsprinzipien bei Geschöpfen. Sie sind untereinander nicht gleich, denn Wollen ist gottförmiger als Wissen und Können. Die Natur hat mein Können begrenzt (coartavit), *die Ausbildung mein Wissen. Das Wollen aber bleibt frei zu immerwährender Resonanz (Erweiterung).*

Voluntas, scire et posse principia sunt actionis in creaturis. Non aequalia sunt quia voluntas est deiformior[39] *quam scire et posse. Mihi quidem natura coarctavit posse, correptio vero scire, sed remanet voluntas non coacta usque ad clangationem (elongationem) perpetuam.*

Bei uns Menschen fallen diese drei Elemente auseinander: das Können, das Wollen, das Wissen. Wir wollen nicht alles, was wir wissen; wir können nicht alles, was wir wollen. Die Alleinheit ist von dieser Trennung nicht betroffen. Ihr Wille kommt ihrem Können und Wissen gleich. Das Thema ist der Kontrast zwischen kreatürlicher und göttlich-unendlicher Aktivität.

Merkwürdig ist das Wort: *deifica voluntas*, gottschaffender Wille.[40] Es ist der Wille, mit dem die Alleinheit sich selbst bejaht. Hierbei sind die drei Momente und das Gewollte eins: Das ist die höchste Form der Ungetrenntheit. Ihr Gegenteil, also das Auseinanderfallen von Wissen, Wollen, Können, charakterisiert uns Menschen. Die Natur schränkt unser Können ein, die Zurechtweisung durch andere erweist unser Wissen als begrenzt; nur die Willenstendenz ist bleibender Steigerung fähig.

Die von mir vorgeschlagene Textkorrektur nennt den Willen *deiformior*, also ‹gottförmiger› als das Wissen. Sie wird vom Manuskript Laon 412 bestätigt (H S. 176). Sie drückt eine ungewöhnliche Hochschätzung des Wollens aus, wie sie im 13. Jahrhundert eher bei Franziskanern als bei Dominikanern üblich war. Die Textform *deformior*, also: ‹weniger *forma*-haft›, ‹schwächer›, ist mit dem letzten Satz des Kommentars unvereinbar. Dieser bedeutet: Der Wille – dieses Wort bedeutete in der alten Welt nicht so sehr ‹Beschlusskraft›, als vielmehr ‹Liebe› – vollzieht über die Begrenztheit unseres Könnens und Wissens hinaus die unendliche Rückkehr zur Einheit.

XIII. Gott ist Ewigkeit, die in sich tätig ist, ohne sich dabei aufzuteilen oder eine Eigenschaft zu gewinnen.

DEVS EST SEMPITERNITAS AGENS IN SE, SINE DIVISIONE ET HABITV.

Geschaffene Wesen handeln und erwerben dadurch eine Eigenschaft. Sie handeln und ermangeln der Kontinuität, weil sie auf Widerstand stoßen. Ermattung beschneidet daher ihre Wirkkraft.
  Beim Schöpfer ist es nicht so. Er verändert sich nicht und erwirbt keine zusätzliche Eigenschaft. Er braucht keinen Schatten, um erschöpft in ihm zu ruhen.

Agunt creata et acquirunt habitum. Agunt et deficiunt continuatione quia inveniunt resistens. Unde fatigatio scindit vim.
  Sic non est in creatore. Non transmutatur acquirendo habitum. Non indiget obumbratione ut quiescat fatigatus.

Wenn *wir* handeln, handeln wir nach außen, daher spielen immer andere mit; andere Objekte, Materialien oder Personen. Insofern entstehen Trennungen und Einschränkungen. Wir gewinnen durch Handeln Eigenschaften, die wir zuvor nicht hatten; wir werden geschickter oder erfahrener; wir nehmen Außenerfahrungen in uns auf. ‹Eigenschaft›, (*habitus*, gr.: *hexis*) ist im Sinn von Disposition zu lesen, die man durch Handlungen gewinnt, zum Beispiel Schwimmenkönnen.

Handeln der unendlichen Sphäre spielt sich innerhalb ihrer selbst ab. Es erfährt keinen Widerstand und erwirbt keine neuen Eigenschaften durch Außenerfahrung. Denn es gibt kein Außen, kein selbständiges Gegenüber, kein getrenntes, fremdes Material. Schön die Metapher: Die unendliche Einheit, die immertätige, braucht keinen Schatten, um sich darin auszuruhen. Gott schläft nicht.

Definition XIII und der alte Kommentar lehnen sich eng an XII an, indem sie göttliche und menschliche Wirkmöglichkeiten vergleichen. Philosophen analysieren die irdische Welt, auch wenn sie von der Gottheit reden. Geschöpfe wirken, um Dispositionen zu erwerben. Sie sind nicht allein auf der Welt. Andere Wesen fördern oder hemmen sie – daher die Mühsal. Die unendliche Einheit richtet sich in ihrer Aktivität auf sich selbst, in ihrer Ganzheit. Sie steht nicht unter Zeitbedingungen. Sie braucht nicht wie Menschen sich von sich selbst zu distanzieren und eine neue Disposition zu gewinnen.

XIV. Gott ist der Gegensatz zum Nichts vermittels des Seins.

DEVS EST OPPOSITIO NIHIL MEDIATIONE ENTIS.

Diese Definition erzeugt die Vorstellung von Gott als einer Kugel, die in ihrem Mittelpunkt das Nichts einkerkert. Ständig wirkt die göttliche Kugel ihr göttliches Werk, das Nichts in ihrem Sein ewig zu erhalten, um die Sache, die sich gewissermaßen beim Mittelpunkt befindet, von dort in überschwenglicher Gutheit ins Sein zu rufen. Hebt sie die Sache herauf zum Wirklichsein, hat sie für immer Bestand, belässt sie sie im Möglichsein, fällt sie ins Nichts zurück.

Haec definitio imaginari facit Deum esse sphaeram in cuius centro nihil incarceratur.[41] *Et est continue agens sphaera divina opus divinum quo detinet nihil in suo esse aeternaliter, a quo per exuberantiam suae bonitatis vocavit in esse rem quae est quasi circa centrum.*

*Quae si ad esse actum attrahit, stabit semper,*⁴² *si ad esse possibile, redibit ad nihilum.*

Ein besonders dunkler Spruch. Der Ausdruck *mediatio*, der als ‹Vermittlung› zu einem Grundbegriff der deutschen Philosophie nach 1800 wurde, war im Mittelalter ungewöhnlich; mehrere Abschreiber ersetzten ihn durch *meditatio*. Auch mittelalterliche Leser schwankten. Das Manuskript Laon 412 gibt dem Spruch XIV folgende Form: *Deus est opposita ut meditatio entis*: Gott ist die Gegensätze als Vermittlung des Seins (H S. 180).

Die Schwierigkeiten wuchsen, sobald das vierte Buch der *Metaphysik* des Aristoteles studiert wurde: In ihm beruhte jeder Gegensatz auf dem Gegensatz von Bejahen oder Verneinen, von Sein oder Nichtsein. Zwischen Sein und Nichtsein gab es bei Aristoteles keine Vermittlung, es sei denn das Werden. Hier heißt es: Gott ist der Gegensatz zum Nichts durch Vermittlung des Seins. Gott steht über dem Gegensatz von Ja und Nein, von Sein und Nichtsein, das er in seinem Zentrum ‹eingekerkert› erhält.

Gott, hieß es in Spruch XI, stehe jenseits des Seins. Er bringe zählend Sein hervor, das als bestimmtes Wesen immer auch Grenzen hat, also anderes nicht ist. Sein als endlich ist eine Art Mischung aus Übersein und Nichts.

Der Kommentar malt das Bild der unendlichen Sphäre näher aus und transponiert dabei das christliche Konzept der Erschaffung: Die unendliche Kugel hat das Nichts in ihrem Zentrum eingekerkert, ruft das bloß Mögliche in den Status des Realisierten herauf und stabilisiert es für immer. Würde es als bloß möglich belassen, sänke es zurück ins Nichts.

Die Vorstellung, das Nichts sei eingekerkert im Zentrum der göttlichen Kugel, ist poetisch wunderbar, scholastisch unmöglich. Sie erinnert an das Reich der Mütter, der möglichen Dinge, die, um aktuiert zu werden, heraufgerufen werden müssen, um Wirklichkeit zu werden, sonst blieben sie für immer beim Nichts.

Die vierzehnte Definition sagt: Gott ist das, was dem Nichts gegenübersteht. Er ist das, was einzig das Nichts als Gegensatz hat, weil es alles Wirkliche umfasst. Wenn wir uns drei Elemente vorstellen, aus denen das Weltganze sich aufbaut, dann steht zwischen den Polen des Überseins und dem Nichts das Sein, das immer beschränkt ist.

Der Text appelliert an die Vorstellung, an die *imaginatio*, und muss folglich denkend korrigiert werden. Er fordert auf, das Nichts vorzustellen als eingekerkert im Mittelpunkt der unendlichen Kugel. Die ständige seinsgebende Tätigkeit der unendlichen Kugel hält es dort ewig gefangen; sie ruft aber in ihrer Güte Seiendes aus ihr hervor. Was ist, besteht dann außerhalb des Zentrums, aber innerhalb der Kugel. Freilich: Das Zentrum ist überall; insofern hebt sich das Bild wieder auf. Was wir denkend festhalten: In allem Wirklichen ist Sein und Nichts verbunden; das Überseiende vermittelt in seiner Güte das Sein mit dem Nichts, d. h. es schafft begrenzte Seiende, denen das Nichtsein anhaftet, *substat nihil substantiae ut alienum*. Dieser Satz aus dem Kommentar zu Satz VI spielt mit dem Wort *sub-stantia*. Die Substanz ist das, was unter dem Wandel der Eigenschaften steht. Aber unter ihr steht das Nichts. Wie das Nichts im Zentrum der Gottsphäre subsistiert, ist schwer zu denken.[43]

Wiederum zeigt der Text die einheitliche Konstruktion des kleinen Werks, indem er die Thesen II, VI und XIV argumentativ und metaphorisch verbindet. Von Gemengelage alter Materialien kann nicht die Rede sein.

XV. Gott ist das Leben, dessen Weg zur Gestalt die Wahrheit und dessen Weg zur Einheit das Gutsein ist.

DEVS EST VITA CVIVS VIA IN FORMAM EST VERITAS, IN VNITATEM BONITAS.

Es gibt Bewegung von der Mitte weg und Bewegung zur Mitte hin. Die erste gibt das Sein, die zweite das Leben. In Gott ist die erste

Bewegung der Weg des Erzeugenden zum Erzeugten mit dem Sein, die zweite, also der umgekehrte Weg, ist die Gutheit.

Est motus a medio et ad medium: primus dat esse, secundus dat vivere. In Deo primus motus est via generantis ad genitum cum esse; secundus, ut via conversa, est bonitas.

Der Geist ist Leben, sagte Aristoteles im XII. Buch der *Metaphysik*. Gott ist Leben, sagt Definition XV und erklärt dies: Das unendliche Leben ist ein Weg hin und zurück.

In Gott, der raumlosen Kugel, sollen wir zwei Bewegungen denken: Die erste kommt von der Mitte und ist der Weg der Gottheit vom eingekerkerten Nichts zur Gestalt, zur geeinten Formenfülle, zur Gesamtheit aller Strukturen und aller Erkennbarkeit, insofern die Wahrheit. Es ist der Weg vom Erzeugenden zum Erzeugten, in dessen Ideenfülle alle Wahrheit leuchtet. Die zweite Bewegung geht zur Mitte. Das ist der Weg zurück, zum immanenten Wert. Sie ist Angezogensein vom Guten, Dynamik, insofern Leben.

Leben ist ein Hauptmotiv unserer Schrift. Leben wird näher erklärt – jetzt nicht als der Weg der Dinge aus dem Kerker zum Dasein, sondern als die Einheit zweier interner gegenläufiger Bewegungen.

Der Text ist schwierig, zeigt aber Zusammenhang mit den Thesen XIII und XIV: Gott ist ewige Tätigkeit; er verwirklicht das Mögliche, er lebt, als prägende Formkraft oder Wahrheit; er zieht alles in seine Einheit kraft des Gutseins.[44]

Leben heißt Gestaltwerden, eine *forma* gewinnen. Unsere irdischen Gestalten sind teil-wahre, weil unvollkommene Realisationen. Hier ist die neuplatonisch variierte Ideenlehre als Hintergrund mitzudenken: Unsere Gestalten sind unwahr und immer zerteilt. Formen, wie von Salzwasser zerfressen, sagte Platon. Das Leben der unendlichen Kugel ist normentsprechend und unzerteilt. Die Wahrheit treibt die Form zu ihrer Reinheit, die Gutheit ruft zur reinen

Einheit zurück. Das wirkliche Leben, das allumfassende Leben ist gestaltgewordene Wahrheit und aus Güte wieder erreichte Einheit.

XVI. Gott ist das einzige Wesen, das seines Vorrangs wegen Wörter nicht bezeichnen und das auch Geistwesen der Unähnlichkeit wegen nicht erkennen.

DEVS EST QUOD SOLVM VOCES NON SIGNIFICANT PROPTER EXCELLENTIAM, NEC MENTES INTELLIGVNT PROPTER DISSIMILITVDINEM.

Aufgabe des sprachlichen Lauts (vocis) *ist es, Begriffe des Geistes zu bezeichnen und sonst nichts.*

Die Seele findet in sich kein Erkenntnisbild oder Muster Gottes, denn diese sind ausschließlich er selbst, aber nicht, sofern er in den Dingen ist. Also ist er ihr seinem ganzen Wesen nach unähnlich. Er bleibt unbegriffen und folglich unbezeichnet.

Officium vocis est significare intellectus mentis, et non aliud.

Anima non invenit in se speciem vel exemplar Dei, quia ipsa sunt penitus ipse, non secundum quod sit in rebus. Ergo dissimilis est ei secundum se totum, et non intellectus, igitur nec significatus.

Der Kommentar zur Definition XVI setzt ebenso wie die Definition ein mit einer Überlegung zur Funktion der Sprache. Die geäußerten Laute bezeichnen Konzepte der Seele. Das ist aristotelische Lehre aus der Schrift *De interpretatione* 1, 16 a 3–4, durch den Kommentar des Boethius dem Mittelalter überliefert. Das Wort bildet demnach nicht direkt die äußere Dingwelt ab, sondern deren mentale Aneignung. Aufgabe des gesprochenen Lauts (*vox*) sei es, Endliches, Begrenztes, also Bestimmtes zu bezeichnen. Mit trotziger Abwehr heißt es: und sonst nichts. Also geben Vokabeln nur das Denkbild der Sache, nicht diese selbst. Das Denkbild muss begrenzt und daher ausschließend sein. Das Allumfassende erreichen Worte daher nicht. Aber nicht nur Vokabeln versagen, sondern auch unser Denken. Unsere Begriffe grenzen ab, teilen ein. Aber Distinktionen erfassen nicht das All-Eine; sie sind ihm zu unähnlich, durch ihren abgrenzenden Charakter. Die Seele könnte wohl eine einzelne Idee erfassen und bezeichnen, aber Gott ist selbst die Gesamtheit aller Ideen. Diese sind, zusammengefasst, nichts anderes als er selbst, *sunt penitus ipse*. Sie sind aufgenommen in seine mit sich identische Unendlichkeit und können daraus nicht abgelöst werden. Seine Ideen sind zwar auch in den Dingen, aber nicht, sofern sie er selbst sind. Daher versagt unser abgrenzendes Bezeichnen. Wir haben kein Denkbild von Gott. Wir können ihn weder denken noch sprachlich bezeichnen.

Augustin lehrte, die Seele finde Gott in sich selbst, nicht draußen. Unser Text behauptet mit einer entgegengesetzten, der Sache nach anti-augustinischen Wendung, die Seele finde in sich kein Erkenntnisbild oder einen Inbegriff (*exemplar*) Gottes. Die Seele sei Gott gänzlich unähnlich, *dissimilis secundem se totum*. Gott werde von ihr daher weder geistig erkannt noch mit Worten bezeichnet: radikale negative Theologie.

XVII. Gott, das ist der Begriff nur von sich selbst, der kein Prädikat duldet.

DEUS EST INTELLECTVS SVI SOLVM, PRAEDICATIONEM NON RECIPIENS.

Ein Knoten wird nicht erkannt durch die Beziehung auf den Knoten.
Bei Dingen erfolgt die Prädikation, damit unter verschiedenen Gesichtspunkten entfaltet werde, was in einer einzigen Bestimmung enthalten ist. Da es in Gott keine verschiedenen Wesensgründe gibt, die sein Wesen mehr oder weniger vervollkommnen könnten, erträgt er keine Prädikation, sondern er selbst erkennt sich selbst, weil er sich auf sich selbst hin erzeugt.

*Non cognoscitur nodus per relationem nodi.*⁴⁵
Praedicatio in rebus est ut diversis rationibus explicetur quod unica includitur. Igitur cum in Deo non sint diversae rationes secundum prius et posterius, perficientes quid eius secundum magis et minus, non recipit praedicationem, sed seipse seipsum intelligit quia ipsum ad ipsum generat.

Außerhalb der unendlichen Kugel gibt es nichts. Gott ist die Erkenntnis, die als einzige alles erkennt, indem sie sich erkennt. Diese Selbsterkenntnis kann nicht die Form menschlicher Sätze haben. Diese werden sinnvoll, nicht indem sie den diskutierten Grundbegriff – den ‹Knoten› der Fragestellung – wiederholen, sondern indem sie einem Subjekt ein Prädikat hinzufügen. Dem All-Einen ist nichts hinzuzufügen. Prädikate haben unterscheidenden Charakter; in der Alleinheit gibt es nichts zu unterscheiden.

Definition und Kommentar schließen eng an XVI an. Der vorhergehende Spruch folgerte die Unerkennbarkeit Gottes aus der Natur der Sprache und aus der Unähnlichkeit zwischen Mensch und Gott. Spruch XVII geht aus von der Analyse der Prädikation wie These XVI von der Funktion der *vox*, folgert die Unerkennbarkeit Gottes aber aus seiner unauflösbaren Einfachheit. In Gott sind *rationes diversae*, wie in IV (IV h S. 10, Z. 3–4; hier S. 37) gesagt, aber nicht nach Art eines Hinzukommenden, einer objektiven Zusammensetzung und Steigerung, also nicht nach den in der Natur vorkommenden Verhältnissen von Früher und Später (*prius/posterius*, nicht im zeitlichen Sinn, sondern als Grund und Begründetes), von Mehr und Weniger (*magis/minus*). Es gibt keinen realen Aufbau in der Gottheit. Sie erkennt sich, weil sie sich auf sich hin erzeugt. Die These ist: Gott erkennt sich, aber nicht prädikativ, weil ihm nichts eigenschaftlich-sekundär zukommt wie die zufällige Eigenschaft der musikalischen Begabung in dem Satz ‹Sokrates ist musikalisch›.

Der erste Satz des Kommentars sagt: Der Knoten (*nodus*) wird nicht erkannt aus den Beziehungen des Knotens. Die Lesart ‹Knoten› ist die ‹härtere› und lässt sich auflösen: Eine Definition erfordert das Zusammensein verschiedener Bestimmungen. Ein Knoten ist die Vereinigung vieler Windungen. Um einen Knoten zu erkennen, sind diese Windungen herauszulösen. Dann erst weiß man, von welcher Art dieser Knoten ist. Er muss in seine einzelnen Elemente zerlegt werden. Aber Gott hat zwar verschiedene Wesenselemente (*rationes diversae*), aber diese lassen sich aus seiner einfachen Natur nicht herauslösen. Denn er ist der einheitliche Prozess, sich durch Erkenntnis selbst zu erzeugen, *ipsum ad ipsum generat*. Also kann Gott nur sich selbst definieren. Wir können es nicht. Denn unsere Sprache ist nur geeignet, um kausale und zeitliche Grund-Folge-Verhältnisse zu beschreiben, sie gehört zu den Objekten, die ein Früher und Später, ein Mehr oder Minder ausweisen, die also Zeitbedingungen unterstehen. Gott hat mit solchen Gliederungen nichts zu tun. Er entzieht sich unseren Sätzen, die eine Hinzufügung enthalten. Er ist ein unauflösbarer Knoten. Er enthält in sich jeden Inhalt, aber in unauflösbarer Einfachheit. Daher ist er nicht zu definieren, denn Definitionen fügen der Gattung eine spezielle Bestimmung, die der Art, hinzu.

XVIII. Gott ist die Kugel, die so viele Umfänge wie Punkte hat.

DEUS EST SPHAERA CVIVS TOT SUNT CIRCVUMFERENTIAE QVOT PVNCTA.

Diese Definition folgt aus der zweiten. Denn da er ganz ist ohne Ausdehnung oder auch von unendlicher Ausdehnung, gibt es in der Kugel seines Wesens kein Äußerstes.
Also gibt es an seinem Äußersten keinen Punkt, dessen Umfang nicht noch weiter außen läge.

Ista sequitur ex secunda, quia cum sit totus sine dimensione, et etiam dimensionis infinitae, non erit in sphaera suae essentiae extremum.
Igitur non est in extremo punctus quin exterius sit circumferentia.

Das Bild der Kugel kehrt wieder, bezeugt die einheitliche Konzeption unseres Textes und wird zunehmend zerstört. Wir sollen an ihm nicht kleben bleiben. Eine Kugel mit unendlich vielen Umfängen ist keine Kugel. Der Punkt, den wir festzuhalten suchen, strahlt aus in einen neuen unendlichen Umfang.

Definition und Kommentar führen das Kugelmotiv aus II fort, wie X aus IV und VII, XXIII aus XX hergeleitet werden. Spruch XVIII legt den Akzent auf die dimensionslose Ganzheit der unendlichen Sphäre. Es gibt nicht mehr den einen, seinsspendenden Mittelpunkt. Nicht, als ob es keinen Gott gäbe. Aber Gott ist die unendliche Einheit der unendlich vielen Zentren. Es gibt unendlich viele Umfänge, so viele wie Punkte innerhalb der Kugel. Es gibt kein Außen. Jeder Punkt innerhalb der Peripherie hat seinerseits einen Umfang, der sich im Unendlichen verliert. Es geht immer weiter. Die Punkte bilden ein System aktiver Welterweiterung und neuer Umfangbildung.

XIX. Gott, das ist das unbewegt Immerbewegende.

DEVS EST SEMPER MOVENS IMMOBILIS.

Unbewegt heißt Gott, weil er sich immer in derselben Weise verhält, und das heißt: in Ruhe sein.

Bewegend ist er immer, denn er ist in sich lebendig, ohne Veränderung allerdings. Er erkennt sich in einfacher Einsicht, und das heißt: Die Einsicht vollendet das Eingesehene, und das Eingesehene ist die Wesensgestalt des Einsehenden.

Immobilis dicitur Deus quia est secundum unam dispositionem semper, et hoc est esse in quiete.
Movens semper est, quia vivens in se, tamen sine alteratione. Intelligit se intellectu simplici, et hoc est quod intellectus perficit intellectum, et intellectum est forma intelligentis.

Der Spruch holt aus der aristotelischen Bestimmung Gottes als des unbewegten Bewegers oder des unveränderlichen Veränderers in *Physik* VIII 6 und *Metaphysik* XII die Paradoxie heraus: Er bewegt immer und ist durch Immer-Bewegen in Ruhe. Ruhe und Bewegung fallen zusammen. Das ‹immer› (*semper*) hebt die Zeitbedingungen auf, unter denen wir Ruhe und Bewegung unterscheiden können. So verstehen wir: Gott ist das Leben. Auch die Identifikation von Geist und Leben ist Lehre des Aristoteles, *Metaphysik* XII 7. Der *Liber de causis* hat dies weiterentwickelt.[46]

Gottes Ruhe und sein bewegtes Leben sind die des Intellekts, dessen Gegenstand seine Form, also mit ihm identisch ist. Da ist kein zeitlicher Prozess, kein Zugewinn an Vollkommenheit. Das ist die aristotelische Einheit von Auge und Holz, von Intellekt und Intelligibile. Gott erkennt sich im einfachen Blick auf sich, wovon wir keinen Begriff haben, wie in XVI und XVII gezeigt.

XX. Gott ist das einzige Wesen, das von seiner Selbsterkenntnis lebt.

DEVS EST QVI SOLVS SVO INTELLECTV VIVIT.

Er lebt nicht, wie Körper leben, die fremde Wesen in sich aufnehmen, um sie in ihre eigene Natur zu verwandeln.
Er lebt nicht wie überhimmlische Körper, die ihre Bewegung von Geistwesen erhalten. Er lebt auch nicht wie die Intelligenzen, Seelenwesen, die direkt von seiner Einheit leben.
Sondern aus sich selbst und in sich selbst lebt er, indem er sich geistig erkennt und auf überseiende Weise ist.

Non vivit sicut corpora quae recipiunt aliena intra se ut convertant ea in sui naturam.
Non vivit ut corpora supracaelestia quae a spiritibus habent motum, nec vivit ut intelligentiae, animae quae ab ipsius unitate sustentatur.
Sed a seipso et in se intelligendo vivit et est superessentialiter.

Das ist ein Traktat über die Lebendigkeit Gottes. Der Autor sichtet die kosmologischen Stufen des Lebendigen und schreitet durch eine Folge von Negationen aufwärts: Lebende irdische Wesen ernähren sich von etwas außer ihnen und verwandeln es in ihre eigene Natur; die Himmelskörper (Himmelsschalen) leben von den Geistern, die sie bewegen; die Intelligenzen, also die Geistseelen, welche die Sterne beseelen und bewegen, erhält die göttliche Einheit im Leben. Alle leben von anderen, je auf verschiedene Weise: Nur die unendliche Einheit lebt, indem sie sich selbst erkennt, sie lebt auf überwesentliche Weise.

Um die Stufen auseinanderzuhalten:
1. Körperdinge
2. Himmelskörper
3. ‹Geister› (*spiritus*). Sie bewegen die Himmelskörper
4. Intelligenzen, welche die Sternensphären erzeugen, die durch Gottes Einheit subsistieren
5. Deus

Die Reihenfolge sieht dem Universum des Avicenna ähnlich. Die Überlegung endet gut aristotelisch nach dem zwölften Buch der *Metaphysik*, Kapitel 7: Der Gott ist der Geist, der sich selbst erfasst und darin ein Leben der Freude und der Seligkeit lebt. Wir ernähren uns von Dingen, die nicht wir selbst sind. Das reine Denken findet seine Nahrung in sich selbst. Es ist selig in sich selbst. Die charakteristische Wendung taucht erneut auf: Die unendliche Einheit ist, jenseits des Seins, *est superessentialiter*, wie nach Spruch III ist sie oberhalb und außerhalb, *super et extra* (h S. 9, Z. 5; hier S. 35). ‹Sein› im gewöhnlichen Sinn beeutet nach These X Begrenztsein, *clausionen* (h S. 16, Z. 11; hier S. 50).

XXI. Gott ist die Finsternis in der Seele, die zurückbleibt nach allem Licht.

DEVS EST TENEBRA IN ANIMA POST OMNEM LVCEM RELICTA.

Die Erkenntnisbilder der Dinge in der Seele decken auf, was in ihr ist. Deswegen heißt es von ihr, sie sei gewissermaßen alle Dinge. Sie bringen der Seele Licht. Aber nachdem sie alle diese Gestalten abgeworfen hat, schaut sie die Gottheit. Sie verneint alle Erkenntnisbilder der Dinge und hält sie fern und wendet sich dadurch dem zu, was über ihr ist und will den ersten Grund sehen.

Doch dabei verfinstert sich der Intellekt der Seele, denn für jenes ungeschaffene Licht ist er nicht geeignet. Wendet er sich wieder auf sich zurück, sagt er: Hier stehe ich in Finsternis.

Species rerum apud animam, quae detegunt quod in ipsa est gratia cuius dicitur quodammodo omnia.[47] *Ipse illuminat animam. Sed post abiectionem omnium istarum formarum contemplatur divinitatem. Abnegando et removendo omnes rerum species ab ipsa, convertit se supra se et vult videre causam primam.*

Et obtenebratur intellectus animae, quia non est aptus ad illam lucem increatam. Unde cum ad se convertit, dicit: Hic mihi tenebrae sunt.

Die Erkenntnisbilder aller Dinge sind in der Seele, weshalb von ihr mit Recht behauptet wird, sie sei gewissermaßen alle Dinge. Gott ist Licht. Er ist auch Licht in der Seele; er ist gewissermaßen die Seele. Aber er ist unbestimmtes Licht. Die Seele, die sich ihm zuwendet, muss alles Bestimmte vergessen. Dann steht sie im Dunkel.

Alles andere ist Licht, mit Schatten gemischt, oft mehr Schatten. Das sagten Platon und die Bibel. Die Sonne als Bild Gottes, das war alte Tradition. Gott als das unbestimmbare Licht ist Finsternis. Licht oder im Licht, das sind die einzelnen Gegenstände, die wir scharf erfassen. Die Weltdinge sind hier Licht, Gott ist dunkel.

Licht ist demnach reichlich, aber vorläufig. Das Licht leuchtet etwas Bestimmtes, etwas Einzelnes an, nie die unendliche Kugel. Wer diese denkt, tritt in die Finsternis ein, ins Unbestimmte, nicht Festzulegende. Denn er muss Vokabeln ablegen, auf Prädikate verzichten. Er muss alle Einzelbestimmungen fernhalten. Wir bewegen uns gewöhnlich im Hellen, zwischen Einzelnem, Bestimmtem. Wenn wir alles negieren, finden wir uns in der Finsternis, die das einzige wahre Licht ist.

XXII. Gott ist das,
aus dem alles ist, was ist, ohne dass er aufgeteilt würde,
durch den es ist, ohne dass er sich verändern würde,
in dem es ist, ohne dass er sich mit ihm vermischen würde.

DEVS EST
EX QVO EST QVICQVID EST NON PARTITIONE,
PER QVEM EST NON VARIATIONE,
IN QVO EST QVOD EST NON COMMIXTIONE.

Durch Anwendung seines dreigestaltigen Wesens auf das Nichts führt er die Dinge, die sind, zum Sein, so dass sie
aus dem Erzeugenden den Anfang ihres Daseins empfangen,
durch den Erzeugten Stand fassen in ihrem Wesen und
im Allbelebenden Dauer erhalten.
Aber sie gehen aus dem Erzeugenden nicht auf die Weise hervor, dass er geteilt würde, nicht so, dass er etwas den Dingen Anhaftendes aus seinem Wesen zuteilen würde,
auch nicht so, dass die göttliche Wesensnatur, die den Dingen deren Wesensnatur gibt, und zwar durch sich, nicht durch ein anderes, sich dabei verändern würde,

und auch nicht so, dass der Allbelebende, der alles in sich enthält, durch das Aufgenommenwerden Vermischung oder Verunreinigung erlitte.

Applicatione vero suae triformis essentiae ad nihil iuxta illas res quae sunt ad esse producit, ut
  ex generante initium suae existentiae perciperent,
  per genitum in esse starent,
  in vivificatore permanerent.
Sed sic ex generante – quod ipse non dividitur – aliquid de sua essentia eis adhaerentiam tribueret, nec species divina, rebus speciem dans per se, non per alium, se ipsam variaret, nec vivificator, ipsa in se colligens, commixtionem ex interceptione aut impuritatem contraheret.

Die göttliche Einheit tritt in der Welt dreiförmig auf; dies wird markiert durch die drei Schlüsselworte:
Ex quo – aus dem
Per quem – durch den
In quo – in dem.
Das heißt:
Sie ist der Erzeuger, aus dem alles ist, ohne dass der Spender des Seins dabei etwas verliert; er teilt das Sein zu, ohne einen Teil von sich abzugeben.

Sie ist der Erzeugte, der allen Dingen ihre spezifische Natur stabilisiert; sie ist Inbegriff der Wesensgestalten und hält die Dinge als Gestaltete im Sein. Durch sie ist alles geworden, ohne dass sie sich dabei verändert hätte.

Sie ist Lebensquell, der in allem wirkt, der alles durch die Tätigkeit der Dinge zur Einheit zusammenführt, wie es in ihr immer schon vereint ist. Alles ist in ihr, ohne mit ihr vermischt zu sein.

Gott ist als dreigestaltiges Wesen der Grund der Dinge in der Welt, ohne mit ihnen vermischt zu sein, ohne von ihnen Grenzen oder Mängel anzunehmen. Diese trinitarische Metaphysik gleicht Immanenz und Transzendenz Gottes aus, nur: Sie ist Metaphysik, keine Bibeltheologie.

Der Kommentar hat ein klares Konzept der Erschaffung; er benutzt dafür sonst den Ausdruck *creatio*. Aber hier spricht er mit einer eigenwilligen Wendung von der ‹Anwendung des dreiförmigen Wesens auf das Nichts›. Er geht dabei der Frage nicht weiter nach, was *triformis* (dreiförmig, dreigestaltig) genau bedeutet. Er will offenbar nicht von drei Personen sprechen. Er schreibt nicht: Drei-Einigkeit, sondern *triformis essentia*. Er hat die christliche Lehre vor Augen, übersetzt sie aber in seine eigene philosophische Sprache. Die unendliche Einheit wird als Erzeuger nicht geteilt. Sie gibt nichts von sich ab. Als Wesensbild des Göttlichen (*species divina*) prägt sie das Artsein der Dinge, ohne sich dabei zu verändern. Als Lebensspender – das ist in Kirchensprache der Heilige Geist – versammelt sie in sich alle Dinge, ohne sich mit ihnen zu vermischen.

XXIII. Gott ist das, was der Geist nur im Nichtwissen weiß.

DEVS EST QVI SOLA IGNORANTIA MENTE COGNOSCITVR.

Diese Definition folgt aus der einundzwanzigsten.

Die Seele erkennt nur das, wovon sie ein Erkenntnisbild aufnehmen und was sie mit dem Urbild (exemplar) *vergleichen kann, das in ihr ist. Die Seele besitzt ein Urbild, aber nur von dem, was durch sie aus dem ersten Grund ins Sein geflossen ist.*

Folglich wird sie von dem, was über ihr ist, keine Erkenntnis haben. Also auch nicht vom ersten Grund. Aber nachdem sie das gesamte Wissen der anderen Inhalte betrachtet hat, hebt sie aus den Dingen die erste Ursache hervor, erfasst ihren Gegensatz zum Nichts und so wird die Seele eine Erkenntnis haben, soviel sie davon erwerben kann.

Und das ist im wahren Sinne ein Nichtwissen: wissen, was sie nicht ist, und nicht wissen, was sie ist.

Haec definitio cognoscitur per vicesimam primam.
Nihil cognoscitur ab anima nisi cuius speciem recipere potest et ad

exemplar eius quod est in ipsa comparare. Nullius enim habet anima exemplar nisi illius quod per ipsam a prima causa fluxit in esse.
   Igitur eius quod est super ipsam non habebit cognitionem, igitur non primae causae. Sed cum omnem aliorum contemplata fuerit scientiam, extrahendo ipsam primam causam a rebus et supponendo oppositionem nihil, quantum poterit acquirere sic habebit cognitionem.
   Et hoc est vere ignorare, scilicet scire quid non est, et nesciendo quid est.

Der Kommentator bemüht sich, den inneren Zusammenhang der vierundzwanzig Definitionen zu zeigen. So sagt er zur dreiundzwanzigsten These, sie folge aus der Definition XXI: Gott, das ist die Finsternis, die in der Seele verbleibt nach allem Licht.

Die These sagt nicht einfach, Gott sei unerkennbar. Er wird von uns erfasst, aber nur im Geist, also nicht im Wahrnehmen, nicht im Fühlen, Ahnen oder Glauben. Er wird erfasst, aber dazu gehört die Denkarbeit der Seele, die zuvor alle ihre Inhalte untersucht hat. Insofern erklärt der Ausspruch XXIII auch die radikal-negativen Thesen XVI und XVII.

Der Kommentar gibt einen Abriss der Philosophie der Erkenntnis: Die menschliche Seele ist angewiesen auf äußere Erfahrung, die sich als Erkenntnisbild (*species*) in ihr abzeichnet. Alle ihre Erkenntnis beginnt mit den Sinnen, sie endet aber nicht mit ihnen. Denn die Seele bezieht ihr Bild des äußeren Eindrucks zurück auf das Urbild (*exemplar*), das sie in sich trägt. Sie ordnet und bewertet ihre Eindrucksbilder. Aber wovon hat die Seele urbildhafte, normative Ideen in sich? Die Antwort lautet: Sie hat sie nur von dem, was vom ersten Grund durch sie zum Sein gekommen ist. Was ist durch sie zum Sein gekommen? Die Angaben sind ungenau. Die Angaben sind restriktiv: Nicht alle Weltdinge sind durch die Seele ins Dasein ‹geflossen›. Am wenigsten Gott. Wäre hier von der Weltseele die Rede, wäre die Welt aus ihr geflossen und also erkennbar. Als Menschenseele kennt sie so nur ihre eigenen Begriffe und ihre Taten. Diese kann sie beurteilen und bewerten. Aber vom ersten Grund hat sie keine apriorische Erkenntnis. Ihn muss sie suchen, indem sie die Welt durchgeht und aus allen Gegenständen den ersten Grund hervorhebt. Sie erkennt seinen Gegensatz zum Nichts und erfasst damit Gott. Insofern tappt sie nicht im Dunkeln. Ihr bleibt ein Resultat. Spruch XIV sprach es aus: Gott steht im Gegensatz zum Nichts. Aber diese Einsicht ist durch Negation gewonnen; es ist ein nicht-bestimmendes Bestimmen; es ist Nichtwissen nach vielem Wissen. Der Spruch sagt: Ihr müsst Erkenntnisphasen unterscheiden und widersprüchliche Aussagen ausgleichen, indem ihr sie auf Stadien der intellektuellen Arbeit bezieht: zuerst die sinnliche Erkenntnis, dann deren bewertender Vergleich mit den normativen Gedanken in der Seele, zuletzt das Übersteigen im Beseitigen, also im Negieren der gewonnenen Bestimmungen. Allein im Nichtwissen als letztem Schritt wird Gott gewusst. *Sola ignorantia*, wie es markant heißt. Dieses Wissen ist nicht inhaltslos; es besteht im Abstoßen von Inhalten, im Fernhalten aller eingrenzenden Bestimmungen, die im Licht der unendlichen Einheit entstanden sind. Euch bleibt als Ertrag, dass ihr wisst, was Gott nicht ist. Nur so könnt ihr euch mit dem Einen vereinen, denn es geht nicht nur um Erkenntnis.[48] Dies mochte einigen Theologen zu wenig scheinen, die im 13. Jahrhundert gerade dabei waren, Theologie als ‹Wissenschaft› zu etablieren. Sie sahen ihre Aufgabe eher darin, bestimmte Prädikate mit dem Satzsubjekt ‹Gott› zu verknüpfen, und zwar nach eindeutigen Regeln.

Der Autor steht nicht allein, wenn er vom Nichtwissen als dem einzig wahren Wissen von Gott spricht. Der Mensch, heißt es bei Dionysius Areopagita in der *Theologia mystica* 1, müsse eintreten in die Finsternis. Bei Platon und Plotin, bei Augustin und Johannes Eriugena kommen ähnliche Wendungen vor; Nikolaus von Kues gab seiner Schrift den Titel *De docta ignorantia*. In anderen Arbeiten diskutierte er, was es heißen könne, den Aufstieg im Nicht-Wissen zu vollziehen.

XXIV. Gott ist das Licht, das nicht gebrochen als Lichtglanz erscheint. Es dringt durch. Aber in den Dingen ist es nur Gottförmigkeit.

DEVS EST LVX QVAE FRACTIONE NON CLARESCIT, TRANSIT, SED SOLA DEIFORMITAS IN RE.

Diese Definition erfolgt im Hinblick auf das Wesen.

Geschaffenes Licht wird gebrochen, wenn es auf einen dunklen Gegenstand fällt, der von solcher Dunkelheit ist, dass es ihn wegen seiner überwiegenden Stofflichkeit nicht aufhellen kann. Das Licht wird dann zerlegt in Strahlen, und zwar dort, wo sein Glanz am größten ist. Es geht, da diese Zerlegung sein Wesen betrifft, in eigenschaftliche Formen (accidentia) *über; seine Brechung erzeugt eine Vielzahl von Akzidentien. Und das ist der Lichtglanz* (claritas).

Das göttliche Licht hingegen trifft bei geschaffenen Dingen auf keinen Stoffcharakter, der so stark wäre, es in seiner Wirkung zu brechen. Daher durchdringt es alles. Nur die Gottförmigkeit, die in den Dingen ist, geht in Vielheit über; sie erzeugt Lichtglanz – in den Dingen, nicht in dem Licht selbst.

Und das ist es, was er behauptet.

Haec definitio est ad essentiam data.

Lux creata sicut cadit super rem tenebrosam tantae tenebrositatis quod non sit potens lux illa purgare tenebrosum, propter sui vehementem possibilitatem, tunc frangitur lux in radiis, in maximo scilicet sui acuti, et pertransit in accidentia, essentialis cum ista fractio accidentia multiplicat. Et haec claritas est.

Lux divina non invenit in rebus creatis tantam possibilitatem quae eam frangat in sua actione; unde omnia pertransit. Sed sola deiformitas in re, illa multiplicat et claritatem in re generat, in se nullam. Et hoc est quod dicit.[49]

Der Kommentar unterscheidet zwei Arten von Licht, das geschaffene und das göttliche. Er beginnt mit der Untersuchung des geschaffenen Lichts. Man darf dabei ans Sonnenlicht denken. Von ihm heißt es: Trifft es auf einen dunklen Körper von so geringer Aktualität, weil von so überwiegender Stofflichkeit – anders wäre es bei Luft, Wasser oder Glas –, dass es ihm das Dunkel nicht wegnehmen kann, dann bricht sich das einheitliche Licht in viele bunte Strahlen. Vorher war es einheitliche Substanz; jetzt zerfällt es in viele Erscheinungsweisen (*accidentia*). Und diese nehmen wir wahr als Lichtglanz und Farbenvielheit.

Anders das göttliche Licht: Es durchdringt alles, denn es findet keinen Stoffwiderstand, der so groß wäre, es zu brechen und zu vervielfältigen. Die Körperdinge sind gottförmig. Darin liegt ein doppelter Aspekt: Zunächst entsprechen sie Gott und sind dessen Lichtgeschöpfe. Aber sie sind nicht Gott und ihr materielles Element hindert, dass das in ihnen anwesende göttliche Licht ungebrochen durchscheint. Das göttliche Licht multipliziert sich an ihnen selbst, ohne sich zu verändern, also seine Einheit zu beeinträchtigen.

Es fehlt eine optische Analyse der Lichtbrechung, wie sie Alhazen und Dietrich von Freiberg vorgenommen haben. Der Kommentar gibt eine Metaphysik des Lichtes, die den alten Gedanken, dass Gott Licht ist – wir finden ihn in Bibel und platonisch-neuplatonischen Texten als Theorie der *lux intelligibilis* – vom irdischen Phänomen der Lichtbrechung aus erläutert. Das Ergebnis fügt sich in den Gesamtgedankengang ein: Das reine Licht ist nicht zu sehen. Wir sehen Lichtglanz. Aber der ist ein abgeleitetes Phänomen.

Der Spruch XXIV, heißt es, gebe eine Definition, die das Wesen ausdrückt, sie sei *ad essentiam data*. Die negative Theologie der vorgehenden These scheint vergessen. Insofern besteht zwischen XXIII und XXIV keine Folgerichtigkeit. Aber dem Leser ist längst klargeworden, dass das Wort *definitio* hier keine Definition im schulmäßigen Sinn nach Gattung und Art bedeuten kann. Gott ist undefinierbar. Der *Liber* evoziert Raumbilder, die sich zerstören, er präsentiert ‹Definitionen›, die keine sein können.

Die letzten drei Sprüche schließen die Untersuchung ab:
Gott ist Alleinheit, außerhalb derer nichts ist. Deswegen ist er nicht wie ein Einzelding zu denken. Er schöpft das Weltsein aus sich, wird aber nicht aufgeteilt. Wir sind in ihm, aber nicht wie in einem Gefäß oder wie in einem anderen Stoff; wir sind nicht mit ihm vermischt, sagt Satz XXII. Die Definition XXIV betrachtet dieses Verhältnis von Seiten der Dinge her und sagt: Er ist in allem. Aus allem tritt er uns entgegen. Aber nicht in seiner reinen Unbestimmtheit, sondern als Gottförmigkeit der Dinge, die das Urlicht zur Erscheinung bringt.

Die ältere philosophische Sprache verfügte nicht über die Ausdrücke ‹Pantheismus› und ‹Theismus›. Aber deutlicher als in den Thesen XXII und XXIV konnte und brauchte man nicht sagen: Wir behaupten die Alleinheit, verwechseln aber nicht das All-Eine mit Dingen. Die Diskussion um Pantheismus oder nicht, geht an diesen Erklärungen vorbei. Wahr ist, dass die dogmatischen Wendungen ‹Gott als *ein* Wesen in drei Personen› nicht vorkommen. Immerhin: Gott ist gedacht als Geist, als Überseiender, als Sprechender, als Zählender, als Vielheitsbegründer und Urlicht. Aber Zorn oder auswählende Vorlieben, irgendwelche Anfälle von Reue oder unverdienter Zuneigung sind bei ihm undenkbar. Aber mit Weltdingen verwechseln lässt er sich auch nicht.

Unsere vierundzwanzig Philosophen denken alleinheitlich, sie denken einheitsphilosophisch, aber pantheistisch denken sie nicht. Allerdings werfen sie zuletzt alle Prädikate, die sie zwischendurch ermitteln, in den Abgrund göttlicher Bestimmungslosigkeit. Aussagen wie: Das Eine ist Geist, ist Grund und Ziel, ist unbewegter Beweger, usw., versenken sie zuletzt in die Nacht des Nichtwissens. Gott, das ist zuletzt das, was nur im Nichtwissen, im Abwerfen aller Prädikate gewusst wird. Doch beachten wir auch die dreiundzwanzigste Definition: Gott wird im Geist erkannt, nach intensiver Denkarbeit an allen Welterfahrungen intellektuell herausgearbeitet, nicht im Glauben, Fühlen oder Ahnen. Die *docta ignorantia* ist intellektuelle Tätigkeit; sie ist ein Erblinden, aber als geistige Erkenntnis in ihrer Notwendigkeit erfasst. Kein Befehlsempfang, keine Kirchenvermittlung, kein bloßes Wollen oder Ahnen. Kein ergebnisloses Suchen.

Die vierundzwanzig Philosophen waren klug genug, das Ergebnis ihrer endgültigen Prüfung nicht aufzuschreiben. Von der errungenen gemeinsamen Gewissheit über Gott ist am Ende nicht mehr die Rede. Der Leser muss sie suchen.

III. Die Theosophie des Liber bei Meister Eckhart

1. Berührungspunkte

Die besondere Rolle Meister Eckharts in der Rezeptionsgeschichte der ‹vierundzwanzig Philosophen› ist seit Heinrich Denifle bekannt und seit Dietrich Mahnke näher erforscht. Ich komme hier noch einmal darauf zurück, vor allem um die Konzentration der Forschung auf den kosmologischen Reiz von Spruch II zu lockern. Das Interesse Eckharts am *Liber* war ein anderes; ich frage nach seinen intellektuellen Motiven: Warum wohl hat Eckhart an diesem Text Interesse finden können? Eckhart hat das *Buch der 24 Philosophen* zwar nicht in allen Teilen, aber doch weit über die berühmte zweite Definition hinaus in sein Werk aufgenommen. Es gab darin auch Themen und Thesen, die er auf sich beruhen ließ. Und natürlich war Eckhart nicht der Erste, der sich mit dem Buch befasste. Vor ihm ist vor allem der Franziskaner Thomas von York († um 1260) mit seinem *Liber sapientialis* zu nennen.[50] Doch bekam das *Buch der 24 Philosophen* im 14. Jahrhundert besondere Aktualität. Ihr gehe ich etwas nach.

Eckhart zitiert den Text unter verschiedenen Titeln. Er redet vom *Liber viginti quattuor philosophorum*; er nennt in der deutschen Predigt Nr. 9 die Philosophen auch die «Vierundzweinzic meister». Er schreibt das Buch zuweilen dem Hermes Trismegistus zu (z. B. *In Ioh.* n. 164 LW IIII, S. 135), manchmal zitiert er daraus nur einen einzelnen Ausspruch als den eines Weisen (*sapientis*) oder einer ‹Autorität› (*auctoritas*).[51] Er zitiert, wenn ich nichts übersehen habe, immer nur Definitionen, nie den alten Kommentar. Wahrscheinlich lag ihm eine Handschrift vor, die nur die vierundzwanzig Antworten, nicht deren Erklärungen enthielt. Übrigens zitiert er die zweite Definition sowohl mit der Wendung *sphaera infinita* wie unter der ebenfalls schon vorhandenen Form *sphaera intelligibilis*.[52]

Das *Buch der 24 Philosophen* ist im Werk Eckharts von breiter Präsenz und zeigt sich von hoher inspirativer Kraft: Es vertiefte trinitätsphilosophisch sein Konzept von göttlicher Einheit und Unendlichkeit. Es lieferte die zweifache Fassung des Seinsbegriffs mit der Differenz von zeitgebundenem ‹Sein› (*esse*) und ‹Über-Sein› (*superesse*). Es gab ihm Anlass, die negative Theologie sowohl fortzuführen als auch zu korrigieren. Es regte an zu einem vertieften Konzept von Ganzheit und Lebendigkeit; er entnahm ihm die Lehre vom Maximum im Minimum, was weit über den kosmologischen Kontext hinaus die philosophische Entwicklung der Koinzidenzlehre des Cusanus bestimmte. Der *Liber* war für Eckhart wichtig, aber seine Wirkung auf ihn sollte auch nicht übertrieben werden. Eckhart liebt die Häufung von Zitaten. Er zitiert viele «meister», und dabei handelt es sich um griechische oder arabische Philosophen, öfter um bekannte mittelalterliche Theologen. Es kommt auch vor, dass er sich wie in Predigt 105 von allen jetzt lebenden Meistern distanziert. Es gab für ihn wichtigere Anreger als die vierundzwanzig Philosophen: Aristoteles, Avicenna, Averroes, Moses Maimonides, Albert von Köln, Thomas von Aquino, Dietrich von Freiberg.[53] Und doch hatten die Sprüche der Vierundzwanzig in Eckharts Werk so etwas wie Signalwirkung, sie deuteten eine Richtung an; sie schufen eine Atmosphäre der theosophischen Spekulation, die vom scholastischen Durchschnittsstil abwich und die Eckhart noch in sein Denken integrieren konnte. Sie gaben ihm prägnante Formulierungen an die Hand, die er anwenden, ausweiten, ausnutzen konnte. Das Prestige des Hermes Trismegistus war ihm willkommen. Und all dies bezog sich nicht nur auf die Zweite Definition.

2. Wurzel, Spross, Blüte

Im *Kommentar zum Johannesevangelium* will Eckhart folgenden Satz aus dem 11. Kapitel des *Jesaias* erklären:

«Ein Spross wird hervorkommen aus der Wurzel Jesse. Und eine Blüte wird aufsteigen aus seiner Wurzel.»

Ein moderner Ausleger würde diesen Satz aus der Hebräischen Bibel ganz anders angehen, aber Eckhart stellt die drei Substantive des Satzes – ‹Wurzel›, ‹Spross›, ‹Blüte›, – zusammen und erklärt sie trinitarisch: ‹Wurzel› (*radix*), das ist der Vater, ‹Spross› (*virga*), das ist der Sohn, ‹Blüte› (*flos*), das ist der Heilige Geist. Eine solche Vorgehensweise war theologischer Alltag. Aber Eckhart fährt in einem Atemzug fort, und darauf kann man den Satz des Hermes Trismegistus beziehen: ‹Die Monade erzeugt eine Monade und biegt auf sich ihre Glut zurück›: *monas monadem gignit et in se suum reflectit ardorem*, wobei Eckhart etwas anders liest als Laon 412 und der kritisch edierte ‹Normaltext›, die schreiben: *in se unum reflectit ardorem*.

Indem Eckhart zur Auslegung des *Jesaia* unser Buch zitierte, wollte er nicht eine zweite Autorität neben die erste stellen, er wollte auch nicht nur die Übereinstimmung der menschlichen Urweisheit des Hermes mit dem Propheten belegen; er wollte etwas zeigen, was offensichtlich ist (*patet*): In Gott als dem ersten Grund und dem Urbild aller Dinge – da ist der Vater, da ist der Sohn als die ideale Einheit aller Wesen und da ist der Heilige Geist als die Liebe, die aus beiden hervorgeht. Und diese drei sind eins: ein Wesen, ein Sein, ein Leben. Eckhart legt also den Satz I nicht kosmologisch aus wie Thomas von Aquino, sondern trinitätstheologisch, aber zugleich allgemein ontologisch, denn er fährt fort: In allen geschaffenen Dingen, die mehr oder weniger Göttliches an sich haben und nach ihm schmecken, finden wir überall bis herunter zu den schlichtesten Dingen in jeder Aktivität bzw. in jeder Produktion diese Dreiheit von Vater, Sohn und Liebe.[54] Hermes Trismegistus führt die Bibelauslegung weiter zu einer universalen Philosophie jedweder Hervorbringung mit ihren notwendigerweise drei Elementen: Hervorbringer, Hervorgebrachtes, Liebe zwischen beiden. Eckhart erklärt dies im Johanneskommentar näher, es sei hier nicht weiter verfolgt. Hier kommt es auf den Typus seines Auslegens und auf die produktive Rolle des Hermes dabei an: In der geistigen wie in der schlichtesten körperlichen Kreatur weist Eckhart die Dreieinheit nach, die mit den Bildern gemeint ist: Wurzel, Spross, Blüte. Eckhart zitiert die erste Proposition und verschafft sich damit den Antrieb zu seiner allgemeinen Analyse der Drei-Einheiten in allen Weltdingen. Dadurch will er für jeden offensichtlich machen, was der Bibelspruch an Wahrheit enthält, an Wahrheit über die Welt.

3. Gott als Über-Sein

Eckhart fand im *Liber* wichtige Komponenten seines Konzepts von Gott. Nicht als habe er sie allein durch diesen Text gefunden, jedoch erkannte er in diesen Definitionen seine philosophische Theologie wieder und berief sich auf sie. Und zwar zunächst in folgender Hinsicht: ‹Gott ist nicht das Sein, er steht über dem Sein›. *Deus est super ens*, erklärt die Definition XI.

Der Kommentar erläutert: ‹Sein bedeutet Beschränktsein. Dies soll von allem Sein gelten›: *Esse omne clausionem dicit*. Was ist, schließt durch sein Sein anderes von sich aus; daher steht Gott, der nichts von sich ausschließt, sondern alles in sich enthält, über dem Sein: *Superest qui non clauditur*. Eckhart hielt diesen Gedanken für so wichtig, dass er ihm große Teile der Predigt 9 widmete: Gott, hieß es da, ist über ‹wesene›. Er ist so über dem Sein wie der Engel über der Mücke (DW I, S. 142–143, und besonders S. 146). Eckhart konnte dies mit leichter Selbstkorrektur dahin erläutern, dass alles zeit- und raumbedingte Sein Begrenzung einschließt. Schließt nicht auch ein Engel andere Wesen und insbesondere die Teufel von sich aus? Die Doppelung im Konzept von *esse/superesse* brauchte Eckhart, um seine negative Theologie vorzuführen. Er schärft zunächst ein: Gott das Sein zuzuschreiben, das sei, als nenne man die Sonne ‹schwarz› (*Predigt* 9 DW I, S. 148). Die radikale Definition XVI schließt von Gott jede Prädikation aus, da jede Aussage eine Begrenzung und eine hinzukommende Bestimmung enthält. Eckhart zitiert sie zustimmend (*In Exod.* n. 35 LW II, S. 41–42), und korrigiert sie: Gott ist nicht *un*nennbar, sondern *all*benennbar. Nicht *innominabile*, sondern *omninominabile*. Für Eckhart blieb es nicht bei der radikalen Unähnlichkeit, der *dissimilitudo* von Satz XVI. Seine Seele fand sich *zuletzt* nicht mehr in der Dunkelheit, die These XXI beschreibt.

4. Vernunft – der höhere Gesichtspunkt als ‹Sein›

Gott ist und steht über dem Gegensatz von Sein und Nichts: *est superessentialiter*. Dies hat weitgehende Folgen: *Deus* ist autark. Er ist nicht auf zeitliche Erfahrungen angewiesen. Er lebt in seiner Erkenntnis aus sich selbst. Dies bestätigt Spruch XX, den Eckhart ebenfalls in *Predigt* 9 zitiert:

«got ist ein vernünftigkeit, diu da lebet in sin aleines bekanntnisse» (*Predigt* 9 LW I, S. 142). Eckhart distanziert sich von «groben meistern», die Gott als das selbständige, das reine Sein denken: Nein, er ist in erster Linie Vernunft. Wer Gott das «reine Sein» nennt, ist nur ein grober Meister; er bleibt im Vorhof stehen und betritt nicht den Tempel der Gottheit. Dieser ist die Vernunft. Dies war Eckharts Lehre in der ersten Pariser *Quaestio*. In ihr hieß es aber auch schon: Wenn du ihn in diesem Sinne ‹das Sein› nennen willst, ist es mir auch recht. Hier ist kein Anlass zu Entwicklungshypothesen, wohl aber zur Unterscheidung der Hinsichten und, was wichtiger ist, zu einer Hierarchie der Hinsichten: Wir können von Gott sagen, er ist das Sein, und wir können von ihm sagen: Er ist die Vernunft, die ihr eigener Gegenstand ist. Das steht bei Aristoteles und Satz XX hält es fest, doch man muss sich darüber klar sein, dass der zweite Gesichtspunkt der höhere ist.[55] Die unendliche Einheit steht über dem Gegensatz von Sein und Nichtsein; sie setzt sich mittels des Seins in Gegensatz zum Nichts, wie Spruch XIV sagt, den Eckhart im Johanneskommentar zitiert (*In Ioh.* n. 220 LW III, S. 185). Das heißt: Er wirkt im Nichts; er erschafft die Welt; und die menschliche Vernunft als sein Bild schafft entsprechend im Nichts.

5. Selbstbezug – Leben

Wenn wir Gott als das Sein denken und wenn er im Exodusbuch von sich sagt: ‹Ich bin, der ich bin›, dann erklärt uns die Definition I den Sinn dieser Doppelung: Sie beschreibt die Selbstbezüglichkeit Gottes. Sein Sein kehrt gewissermaßen zu sich selbst zurück und bleibt zugleich immer in sich. Er ist Licht, das sich völlig selbst durchdringt. Deswegen begreifen wir, dass er das Leben ist. Leben bedeutet Selbsterweiterung, Gebären, Aus-sich-Heraustreten, völlige Selbstdurchdringung bis in die kleinsten Teile.[56] Dass der *Liber* die unendliche Sphäre in mehrfachen Anläufen als lebendig beschreibt, das bildete für Eckhart einen Hauptanziehungspunkt. Damit konnte er Gott «das reine Sein» nennen, wie es die «groben meister» gewohnt sind, aber dieses Sein war kein Felsen der Substantialität, sondern sprühendes, sprudelndes Leben und Ganzheit, die *ganz* in jedem ihrer Teile ist.

6. Unendlichkeit. Maximum und Minimum

Da Gott jede Ausschließung von sich ausschließt, ist er unendlich. Dies sagt die Metapher von der grenzenlosen Sphäre; Eckhart hat Definition II mehrfach zitiert.[57] Er hat sie durch die Definitionen III und XVIII ergänzt und erweitert. Er hat daraus eine Reihe von Folgerungen gezogen: Gott ruht in allen Dingen, im größten wie im kleinsten. Er wirkt im Größten wie im Kleinsten. Er lebt in völliger Selbstdurchdringung; er ist unteilbar und wirkt als ganzer mit allem, was er ist. Er ist ganz in jedem seiner Momente: *Deus est totus in quolibet sui*, wie These III sagt.[58] Alle Paradoxien eines unendlichen Geistes ergeben sich: Ihm ist sein geringstes Werk so groß wie sein größtes. Er ist die Einheit aller Ideen, und zwar so, dass die Ideen der ungleichen Dinge in ihm gleich sind. Er ist das Maximum im Minimum, was für Cusanus zum wichtigsten Lehrstück wurde.[59]

In der Allsphäre ist alles in allem. Was die Kategorienlehre des Aristoteles als selbständig, als *usia* oder *substantia* beschreibt, ist in ihm wie eine Eigenschaft; die Eigenschaften der sog. Substanzen sind dann nichts, wie Satz VI folgert.[60] Eckhart setzt die sechste Definition dazu: Sie sagt, dass alle Kreaturen ein reines Nichts sind im Vergleich zur unendlichen Einheit.

7. Lebenslehre

Für Eckhart ist es nun charakteristisch, wie besonders der Text *In Sap.* n. 90 (LW II, S. 423–424) zeigt, dass er diesen metaphysischen Gedanken ins Ethische ausweitet: Was uns als wirklich und gut erscheint, das müssen wir als nichtig erkennen lernen. Eckhart hat also der These II nicht nur die Koinzidenzidee entnommen mit ihren Konsequenzen für Cusanus und Giordano Bruno, für Hamann, Schelling und Hegel, sondern seine Metaphysik *und* Ethik in ihr gefunden.

Nun war schon der *Liber* keine bloß abstrakte Metaphysik oder ontologische Theologik; er war Lebenslehre. Schon die erste seiner Gottesbestimmungen sprach von Liebesglut (*ardor*); die Definition VIII sagte, je mehr Gott geliebt werde, um so größere Freude entstehe. Eckhart lag eine Fassung der These vor, die, statt des *plus latet* der kritischen Edition, *plus placet* las. Den Kommentar zu dieser These, der von der Vereinigung mit der unendlichen Wesenheit sprach, dürfte er nicht gekannt haben, aber er stellte einen solchen Kontext selbst her, indem er Satz VIII verband mit der peripatetischen Intellekttheorie und Aussprüchen Augustins über die ständig wachsende *caritas*. Die Intellektualwelt ist eine Welt, in deren Natur die Steigerung, also die Unendlichkeit liegt. Während ein Sinnesorgan durch einen zu hellen oder zu lauten Gegenstand ermüdet und zuletzt zerstört wird, stärkt es den Intellekt, wenn er immer größere Gegenstände immer öfter betrachtet. Der Intellekt nährt sich von je größeren Inhalten; er isst von ihnen und entwickelt immer größeren Hunger nach ihnen. Und das sei der Sinn der achten Gottesdefinition des *Liber*.[61]

Der *Liber* enthält nicht die Philosophie des Intellekts als *imago*; er sagt nichts von Gottessohnschaft. Er führt also nur zu einer bestimmten Seite im Denken Eckharts. Die Gottesdefinition XII konnte er assimilieren; zitiert hat er sie aber nie. Sie enthält die seit dem vierten Jahrhundert orthodoxe Trinitätslehre, diesmal von der Seite des göttlichen Willens betrachtet. Nur der alte Kommentar, den Eckhart vermutlich nicht gelesen hat, hätte seine Zustimmung kaum bekommen, sah er doch die Gottförmigkeit des menschlichen Geistes im Willen begründet, kam also ohne die peripatetische Intellekttheorie und ohne die augustinische *mens*-Lehre aus. Den Satz XVI wusste er zu interpretieren. Er lehrt, Gott sei sprachlich und gedanklich unbestimmbar, und betont einseitig die Unähnlichkeit zwischen Intellekt und unendlicher Gottheit. Er lehrt mit dem *Liber de causis*, den ihm Eckhart an die Seite stellt, die negative Theologie in ihrer radikalen Form, aber, wie gesagt, Eckhart korrigierte sie: Gott ist nicht unbenennbar, sondern allbenennbar, *non innominabile, sed omninominabile*.[62] Da Gott unendlich ist, erreicht ihn die Sprache der Menschen nicht, die auf Abtrennung beruht, und Eckhart zitiert in deutschen Predigten zustimmend den Meister, der gelehrt hat: Wer etwas Bestimmtes erkannt hat, hat nicht Gott erkannt: «swer iht bekennet, der enbekennet got nicht» (*Predigt* 35 DW II, S. 179).

8. Die Zeit nach Eckhart: Berthold von Moosburg

Was nach der Verurteilung Eckharts (1329) mit den vierundzwanzig Philosophen noch anzufangen war, beweist Berthold von Moosburg (* vor 1300, † nach 1361). Sein riesiger Kommentar zur *Elementatio theologica* des griechischen Philosophen Proklos bildet ein Repertorium neoplatonisierender Texte der Antike und des Mittelalters und bot Raum für die Sentenzen der Vierundzwanzig. Berthold hielt die Schrift für ein Werk des Hermes Trismegistus, er zitierte nicht nur ihre Definitionen, sondern im Unterschied zu Eckhart auch den alten Kommentar.[63] Die intellektuelle und institutionelle Beziehung des Kölner Dominikanerprofessors zu Meister Eckhart ist nachgewiesen, ebenso das Interesse des Cusanus für ihn.[64] Doch erlaubt die fortschreitende Publikation seines umfangreichen Buches im Rahmen des *Corpus Philosophorum Teutonicorum Medii Aevi* hier einige neue Hinweise.

Bertholds Werk dürfte zwischen 1223 und 1261 geschrieben sein: Das geistige Klima hatte sich nach der Verurteilung Eckharts geändert. Berthold trieb proklische Philosophie, aber er fand es geraten, ihren Anspruch gegenüber der Offenbarungstheologie zu redimensionieren, indem er erklärte, Proklos und er als dessen Kommentator beschränkten sich auf das, was Augustin den Bereich naturhafter Vorsehung, den *ordo providentiae naturalis* genannt habe.[65] Damit gestand er den göttlichen Heils- und Wundertaten einen eigenen Raum zu, einen Bereich göttlicher Willensbestimmungen, den *ordo providentiae voluntariae*. Nur erklärte er, dass er sich damit nicht beschäftige. Dietrich von Freiberg hatte im Sinne Alberts die Unterscheidung Augustins zur Etablierung selbständiger philosophischer Forschung ausgebaut und damit einen methodisch abgetrennten Schutzraum geschaffen, den Berthold in Anspruch nimmt. In dieser Absicherung lag auch eine Begrenzung, die im *Liber* nicht vorgesehen war: Dort redeten die Philosophen von der dreiförmigen Wesenheit Gottes und gedachten klarzustellen, was Offenbarungstheologen mit ihren Trinitätsaussagen vernünftigerweise allein gemeint haben konnten; sie eliminierten den Personen-Begriff und *interpretierten* den Charakter der Zahl Drei.

Berthold gibt in diesem Sinn einleitend den Gegenstand der Schrift des Proklos an: Sie handelt von der Gesamtheit der göttlichen Dinge (*de rerum divinarum universitate*). Sie untersucht deren Ausgang vom höchsten Gut und deren Rückkehr zu ihm. Diese Philosophie habe ein einheitlich konzipiertes Subjekt: das höchste Gut und was diesem zukomme. Sie handle von den Dingen im Blick auf deren Natur und ihre natürlichen Dispositionen, immer im Bezug auf deren ersten Grund. Was diesem zuzusprechen sei, erkläre die Theorie des Averroes über die analoge Prädikation: Das höchste Gute sei Grund, Ziel und Träger von allem. Was das heißt, erklärt Berthold dann mit Hilfe der Sätze VII und VI der Philosophen: Gott ist nicht nur «Prinzip ohne Prinzip, Hervorgang ohne Veränderung, Ziel (Ende) ohne Ziel (Ende)», sondern nach Regel VI des Trismegistus stehen Substanzen zu ihm wie Akzidentien zu Substanzen.[66]

Diese komplizierte Konstruktion hat ein klares Ergebnis: In Bertholds Buch gilt die von Albert geforderte Eigenständigkeit der philosophischen Arbeit. Diese handelt von Gott, nicht nur als Grund und Ziel der Dinge, sondern als dem einzig wirklichen Guten. Es gilt wie bei Dietrich die Theorie der Attribution des Averroes, nicht die Analogielehre des Thomas von Aquino. ‹Gut› im eigentlichen Sinne ist Gott allein. Die Dinge sind gut und seiend nur im Hinblick auf ihn; in ihnen selbst ist das Gute und das Sein so wenig wie die Gesundheit in einem Medikament. Sowohl Aristoteles wie Averroes hatten die Lehre von der Attribution (Analogie) aufgebaut auf die Theorie des Akzidens, Dietrich war ihnen gefolgt und Berthold fand diese Theorie in der These VI unserer Philosophen: Die Substanz erscheint als Gottes Eigenschaft, die Eigenschaften als Nichts.

Man sieht, wie kompliziert die Überlieferungslage geworden ist und wie elegant Berthold sich darin bewegt und innerhalb des Ordens dem nicht-thomistischen Denken Raum verschafft. Trotz entgegenstehender Vorschriften. Er arbeitet mit den Konzepten Dietrichs bei der Interpretation des achten Buches der Schrift Augustins *De Genesi ad litteram* (VIII 9, hrsg. v. Zycha, S. 243, 25 – S. 244, 20), stützt seine nicht-thomistische Auffassung von der Analogie auf Averroes und zeigt dessen Übereinstimmung mit den Sätzen VI und VII der vierundzwanzig Philosophen. Er fügt diesem Konzert der Autoritäten noch eine Stimme hinzu, indem er historisch zu Recht ihre Korrespondenz mit dem jüdischen Philosophen Avencebrol (Ibn Gabirol) hervorhebt.[67] Der Effekt dieser Versammlung klassischer Stimmen: Gott ist das Eine, das Gute, das Sein. Die aristotelische Substanzontologie ist herabgestuft zum sekundären, freilich unentbehrlichen Element der Philosophie. Diese Gotteslehre erklärt, sie sei Philosophie, nicht Glaubenslehre. Berthold führte die Intention Eckharts unter den erschwerten Bedingungen nach der Verurteilung Eckharts fort; dazu brauchte er den Trismegistus. Er verstand dessen Schrift über die vierundzwanzig Philosophen als System von ‹Regeln›; er zitierte sie auch als ‹Regeln des Trismegistus›, *De regulis theologiae*.[68] Wie andere Autoren des 14. Jahrhunderts, Thomas Bradwardine zum Beispiel, verfolgte er das Ideal einer axiomatisch angelegten Wissenschaft und erinnerte im Text ständig an diesen Aufbau, indem er die Propositionen numerierte und mit Zahlen auf sie zurückverwies. Die Tendenz zu zahlenmäßiger Erfassung zeigt sich auch in anderen Texten des 14. Jahrhunderts. Wenn im elften Jahrhundert ein Chronist vom Bau einer Brücke erzählt, nennt er den Ort und den Bauherrn; im 14. Jahrhundert erfahren wir, wie lange die Brücke ist, wie viele Monate daran gebaut wurde; oft auch noch ihren Preis in Geldsummen. Dieses Interesse an Zählbarkeit war Thomas von Aquino und Eckhart noch fremd; jetzt macht es sich in der Wissenschaft bemerkbar. Berthold nutzte solche Zahlenangaben, denn er wollte die Philosophie systematisch, als Regelwerk, darstellen. Das Vorbild boten Proklos und Boethius, und daran schließt der *Liber* gut an, da Berthold ihn als Sammlung philosophischer Methodenregeln der Theologie nahm. *Deus est monas*, das hieß dann: Gott allein ist die Einheit, die alle Einheiten begründet. Er ist die einzige wirkliche Einheit, auch wenn es abgeleitete Einheiten gibt.[69] Wenn man nach der Verurteilung Eckharts noch einmal sagen wollte *Esse est Deus*, dann zitierte man am besten den Satz VI des angeblichen Hermes. Berthold tat das immer wieder.[70] Zur Stützung der Trinitätsphilosophie zitierte er den Spruch I.[71] Dass Gott zwar auch das höchste Wesen, *summa entitas*, genannt werden könne, aber bei vertiefter Betrachtung als jenseits des Seins stehend zu denken sei – diese neoplatonisierende Position Eckharts verteidigte Berthold mit Spruch XI des Trismegistus.[72] Die berühmte These II, die Berthold auch wie Eckhart manchmal mit der Wendung der *sphaera intelligibilis* zitierte, verstand Berthold primär im Sinn der metaphysischen Theologie – Gott umfasst alles –, nicht kosmologisch.[73] Sie sagte, Berthold zufolge: Das oberste Wesen (*summa essentia*) ist *in* allem, begründet in allem Einheit und Gutsein. Gott ist in allem, wird aber darin nicht eingeschlossen; er ist *außerhalb* von allem, ist aber von nichts ausgeschlossen; er steht *über* allem durch Begründungsmacht, *unter* allem, indem er alles trägt. Spruch II gehört bei Berthold in die spekulative Theologie.[74] Berthold war klar, dass die Philosophen die Frage beantworten wollen, was *Gott* ist. Mit dem Satz, dass *aus* ihm, *in* ihm und *durch* ihn – es ist der Dreiklang von *ex quo, per quem* und *in quo* von Satz XXII – haben sie begriffen, sagt Berthold, dass Gott nicht nur der effiziente und finale Grund der Welt ist, sondern auch ihr formenhafter (*formalis*).[75] Zugleich ergibt sich daraus die Philosophie der dreiförmigen Wesenheit.[76] Als handle es sich um eine Schrift des Trismegistus *De deo deorum*, um den Gott der Götter, zitiert Bertold die These VII: Gott ist Prinzip ohne Prinzip, Hervorgang ohne Veränderung, Ziel ohne Ziel. Gern bedient er sich des alten Kommentars, so in *prop.* 117 A und *prop.* 119 A. Er teilt die Sprach- und Erkenntnislehre von XVI in *prop.* 123 K, die *ignorantia*-These von XXIII und verbindet beides mit der Lehre des Areopagiten.[77] Ähnlich verknüpft Bertold die Philosophie des Lebens aus Spruch XV mit der Lehre des Dionysius.[78] Selbst vor dem harten Satz XVIII, der sagt, in der Seele verbleibe am Ende nur Finsternis, und den, soweit ich sehe, Eckhart immer vermieden hatte, scheut Berthold nicht zurück.[79] Er lobt die Philosophen für die Einsicht, dass Gott ganz ist in allem, was zu ihm gehört.[80] Er weitet ihre Einsicht aus auf alles, was göttlich ist.[81] Aus der Unteilbarkeit seiner Präsenz hatte Eckhart der Sache nach die Lehre von der Gottesgeburt als philosophische Einsicht entwickelt.

IV. Nicht nur Definition II: Thomas Bradwardine

Thomas Bradwardine war Theologe, Mathematiker und Philosoph. Er betrieb naturphilosophische Untersuchungen zum Phänomen der Bewegung und des Kontinuums; ihn interessierte deren Mathematisierbarkeit. Er lehrte von 1325 bis 1335 am Merton-College in Oxford; danach war er Domherr an der Saint Paul's Cathedral in London und Berater Eduards III. Er ist 1349 kurz nach seiner Wahl zum Erzbischof von Canterbury an der Pest gestorben. 1344 schloss er, nach sieben Jahren Arbeit, sein Riesenwerk *Gott gegen Pelagius (De causa Dei contra Pelagium)* ab.[82] Der Titel zeigt an, dass er Augustinus verteidigen wollte, konkret: dessen gegen Pelagius sich verhärtende Gnadenlehre, indem er die allesbestimmende Kausalität Gottes bewies. Dies klingt nach Rückschritt, schließlich hatten Theologen seit dem 9. Jahrhundert, besonders aber nach Abaelard die augustinische Gnadenlehre mehr oder weniger respektvoll zurückgedrängt und umgebildet. Sie war unvereinbar mit der Selbständigkeitserfahrung und dem Freiheitsbewusstsein, die sich aus realgeschichtlichen Gründen seit dem Ende des 11. Jahrhunderts entwickelt hatten. Bradwardine wollte zu Augustins Gnadenlehre zurück, aber dazu musste er Innovationskraft beweisen. Und dazu diente ihm von der ersten Seite an der *Liber 24 philosophorum*. Bradwardine setzte an den Anfang seines Werks das Axiom der V. Definition: Gott ist das, worüber hinaus Vollkommeneres nicht gedacht werden kann. Bradwardine, der Spruch V nicht ausdrücklich Hermes zuschrieb und der dessen weiten Weg von der pseudo-aristotelischen Schrift *Über die Welt* zu Boethius und Anselm kannte, erklärte gleich im zweiten Satz, dieses Prinzip könne evidenter bewiesen werden. Er dachte dabei nicht an die Bibel, berief sich auf Hermogenes, der auch Hermes heiße, Vater der Philosophen, der dreimal größte Philosoph, König von Ägypten.[83]

Bradwardine fand, er stehe allein bei der Verteidigung des strengen Augustinismus mit seiner Erbsünden- und Gnadenlehre, Prädestination und der Hölle für alle Ungetauften. Alle Welt führe den Namen Augustins im Munde, aber er habe die Entdeckung gemacht: Das Christentum Augustins war gar nicht mehr da. Mit *De causa Dei* forderte Bradwardine sein Jahrhundert in die Schranken; er machte ihm den Prozess – diese forensische Metapher hat er intendiert: Er wollte die Rechtssache Gottes gegen die Pelagianer vertreten, und er sah die Welt voll von Pelagianern. Er erzählt, er sei beim Studium der Philosophie Pelagianer geworden. Wenn bei theologischen Vorlesungen die Sprache auf diesen Gegenstand gekommen sei, «da schien mir die Wahrheit auf der Seite des Pelagius zu liegen. In den Schulen der Philosophen hörte ich so gut wie nie etwas über Gnade, höchstens vielleicht dieses Wort in übertragener Bedeutung, aber den ganzen Tag lang hörte ich, wir seien Herren unserer freien Akte und dass es in unserer Macht liegt, gut oder böse zu handeln, Tugenden oder Laster zu haben. Und wenn ich in der Kirche zuweilen die Lesungen des Apostels hörte, die die Gnade hochpreisen und den freien Willen herabdrücken – wie z. B. das 9. Kapitel des Römerbriefs: Nicht auf das Wollen und Laufen komme es an, sondern auf die Barmherzigkeit Gottes – so missfiel mir dies in meiner Undankbarkeit gegen die Gnade.»[84]

Dies ist das seltene Bekenntnis eines jungen Philosophen aus dem Anfang des 14. Jahrhunderts, der in der Kirche Worte des Römerbriefs hörte, die im Gegensatz standen zu den philosophischen Vorlesungen. Es klingt, als wolle Bradwardine diesen Zwiespalt radikal beenden und als intendiere er eine theologische Reaktion auf die Überschwemmung des Christentums durch Philosophie. So hat Gordon Leff das Buch als «die Antwort des Glaubens auf den Skeptizismus»[85] (Ockhams) gedeutet.

Bradwardine wusste, dass seine Kritik an der philosophischen Tradition als Anti-Philosophie gedeutet werden konnte. Deshalb wandte er sich wenige Zeilen nach der soeben zitierten Stelle gegen antiphilosophische Theologen: Viele ‹moderne› Philosophen seien

Pelagianer, sagt er; die Ansicht des Pelagius komme vielen als die vernünftigere vor, wenn sie aber wahrhaft philosophieren wollten, dann kämen sie dahin, diese Ansicht philosophisch zu widerlegen.[86]

Die Originalität Bradwardines bestand nicht in der Repetition des dogmatischen Standpunktes Augustins, sondern in seiner philosophischen Rekonstruktion und polemischen Aktualisierung. Was die philosophische Rekonstruktion anging, so sollte sie – völlig unaugustinisch – methodisch streng erfolgen; sie sollte die Allursächlichkeit Gottes aus einer einzigen philosophischen Prämisse einsichtig machen. Bradwardine hat nicht die «Autorität des Dogmas» (Leff), sondern die mathematisch geschulte, methodisch vorgehende Vernunft den zeitgenössischen Irrtümern entgegengesetzt. Er begann sein Werk mit der Lehre vom ersten Grund. Von ihm sollten alle Prädikate gelten, die ihn als das höchste Gut denken ließen, als das, worüber hinaus Besseres nicht gedacht werden kann. Bradwardine zitierte dafür gleich auf der ersten Seite nach Hermes und Boethius auch Anselm von Canterbury. Anselm, nicht Thomas von Aquino, war sein methodisches Vorbild; so wurde *De causa Dei* zu einem *Monologion* des 14. Jahrhunderts – eine streng philosophische Analyse des Gottesgedankens. Wie wenig dies als ‹Theologie› im heutigen, engeren Sinne gemeint war, beweist der Text als Ganzes; es ergibt sich schon aus den Autoritäten, die Bradwardine noch *vor* Anselm auf der ersten Seite zitiert. Wie gesagt, war das zuerst «Hermes, der Vater der Philosophen», «Philosoph und Prophet».

Ferner zitiert Bradwardine, immer noch *vor* Anselm, Aristoteles und Boethius. Er hatte – wie die Vierundzwanzig – eine *philosophische* Konzeption, auch wenn er von der augustinisch-christlichen Gnadentheorie sprach. Im Anschluss an Anselms *Monologion* c. 15 formulierte er die methodische Regel: Alle jene Prädikate sind dem ersten Grund zuzudenken, die ihm als dem denkbar Besten zukommen. Mit dieser Deduktionsregel – nicht mit empirischen, daher immer anfechtbaren Gottesbeweisen, aber im Einklang mit Definition V des *Liber* – baute Bradwardine seine philosophische Theologie; sie sollte apriorisch sein und dadurch imstande, nicht nur den Pelagianismus, sondern alle Häresien philosophisch zu widerlegen.

Die fünfte Definition des *Liber* dient als Hauptvoraussetzung, an der Bradwardine einzelne Aussagen der Glaubenslehre prüft. Er fragt zum Beispiel die Averroisten: Muss nicht ein Gott, der den Guten individuelle Belohnung zuspricht und den Bösen persönliche Strafen zudenkt, für besser gehalten werden als ein Gott, der sich um die einzelnen Menschen nicht kümmert? Mit Argumenten dieser Art will er Zweiflern und Juden die Wahrheit des Christentums beweisen. Auch die strenge Form der augustinischen Gnadenlehre – mit Prädestination der Guten und der Bösen – soll die logische Konsequenz der Erstannahme eines Wesens sein, über das hinaus Vollkommeneres nicht gedacht werden kann (*id quo melius cogitari non potest*). Bradwardine erinnert gelegentlich die Philosophen an ihre Grenzen: Sie kennen weder Gott noch die Natur bis auf den Grund.[87]

Aber damit distanziert er sich nicht von der Philosophie überhaupt. Er legt eine verbesserte Philosophie vor, eine apriorische Apologetik der christlichen Lehre. Schon gar nicht war er der Ansicht, die Philosophie könne Gott nicht erkennen.

Dass Gordon Leff diese Ansicht vortragen konnte, die schon durch die ersten Zeilen – erst recht durch den axiomatischen Aufbau des Gesamtwerkes – widerlegt wird, zeigt: Die Geschichte des Denkens verfälscht, wer bei der Erforschung des Mittelalters nach Vorläufern der Reformation späht.[88] Bradwardines Hauptwerk ist eine streng systematische Durchleuchtung der philosophischen Prämissen der christlichen Dogmatik. Es hat nicht die schulmäßige ‹scholastische› Form; es ist ein persönliches Werk, adressiert an die Interessierten im Merton-Kolleg. Seine rigorose Systematik überragt die der Summen des 13. Jahrhunderts bei weitem.

Gleichzeitig nimmt diese Philosophie des Christentums den ganzen Reichtum der kulturellen Überlieferung der Menschheit in sich auf. Daher die unendlich vielen Zitate und die Rolle des Hermes Trismegistus und der vierundzwanzig Philosophen. In persönlich gehaltenen Auseinandersetzungen zieht er die großen Autoren der Tradition, z. B. Aristoteles oder Averroes, in eine aktualisierende Diskussion. Historisches Material, z. B. aus der englischen Geschichte, taucht auf. Bradwardines Horizont ist nicht der eines

Stubengelehrten, sondern der eines Akteurs der großen Politik, eines Mathematikers und eines Freundes der Poesie. Sein Werk verlangt, die bloß theologiegeschichtliche sowie die rein kosmologiegeschichtliche Betrachtung zu überwinden und die törichte Alternative hinter sich zu lassen, Bradwardine habe radikal mit der Tradition gebrochen oder nur die traditionelle Dogmatik repetiert. Charakteristisch für ihn: Selbst in seiner Siegespredigt nach der Schlacht von Crécy (1346), also vor Politikern und Militärs, konnte er es nicht lassen, Hermes als den «Vater der Philosophen» zu zitieren. Dessen Lehre von der Allursächlichkeit Gottes als Konvergenzpunkt von Philosophie und Theologie zu präsentieren, das war die Aufgabe. Und so entstand mit *De causa Dei* eines der originellsten Werke der mittelalterlichen Philosophie und Theologie.

Zugleich ist das Buch eine wahre Summe der philosophischen Tradition. Darin ist es vergleichbar *Bertholds Kommentar zur Elementatio* des Proklos, mit dem es einige Entstehungsbedingungen im Oxford dieser Jahrzehnte, wo Berthold 1315 studierte, teilt, von dem es sich unterscheidet durch Desinteresse an methodischer Scheidung von Philosophie und Theologie. *De causa Dei* steht heute noch in der Bibliothek des Nikolaus von Kues; er konnte darin – als Zitat der Definition XXIII – lesen: «Gott wird nur durch Nicht-Wissen geistig erkannt». *Deus est qui sola ignorantia mente cognoscitur* (*De causa Dei* I 1, S. 32, 27 E).

Bradwardine benutzte *Das Buch der 24 Philosophen* in seiner vollen Breite, nicht nur die berühmte Metapher von der unendlichen Kugel. Sein Konzept war ein methodisches. Gewiss als Apologetik eines weit aufgefassten Augustinismus, aber im Sinne einer axiomatischen Darlegung. Daher musste er den Satz V privilegieren. Seine Auslegung der Definition II war bedeutend und folgenreich; sie übertrug – an für ihn, aber nicht für uns systematisch beiläufiger Stelle – die Unendlichkeit der Gotteskugel auf die des Raums: Gottes Allmacht ist allumfassend, aber sie vermag nichts Widersprüchliches. Wenn er daher die Welt schaffen soll, muss er gegenwärtig sein, und zwar überall und ungeteilt. Wenn er die Welt an anderer Stelle schaffen kann, müsste er auch dort anwesend sein. Der unendliche Raum muss daher über die bestehende Welt hinaus gedacht werden, wenn auch nicht als aktual gegeben. Bradwardine regte durch diese Thesen zahlreiche kosmologische Debatten an; diese Filiation haben Mahnke, Koyré, Hudry und Lucentini umfassend dokumentiert. Aber sein Interesse am *Liber* war begründet in seiner Gesamtkonzeption und umfasste eine Reihe von Themen. Er brauchte die vierundzwanzig Denker, um aus der schularistotelischen Enge herauszuführen; sie boten neoplatonisierende Formulierungen, die mit der Menschheitsweisheit übereinstimmten. Um an Beispielen die Funktion der vierundzwanzig Sätze im Werk Bradwardines zu illustrieren:

Er beginnt sein Werk, indem er aus Hermes, aus Aristoteles' *De mundo,* aus Boethius und der Definition V des *Liber* seinen Ausgangspunkt für alle folgenden Beweise gewinnt: Nichts kann gedacht werden, das größer (besser) wäre als Gott (*De causa Dei* I 1, S. 1 D–E). Von dieser Voraussetzung macht er alles Gesagte abhängig und erinnert mitten in den gnadentheoretischen Auseinandersetzungen daran, dass dies sein Maßstab sei: *teste prima suppositione* (*De causa Dei* I 22 D, S. 235 D).

Die These XI bestätigt die absolute Selbstgenügsamkeit Gottes (*De causa Dei* I 1, 5, S. 4 D–E).

Er will das Allwalten des göttlichen Willens beweisen; dafür zitiert er die XII. Definition, die Eckhart nie gebraucht hatte (*De causa Dei* I 1, 8, S. 6 B).

Zur Rechtfertigung der negativen Theologie beruft er sich auf die Sprüche XVI und XXIII mit dem Motiv der ignorantia (*De causa Dei* I 1, 32, S. 27 D–E).

Die klassischen Formulierungen der Trinitätstheologie – *ex quo, per quem, in quo* – belegt er mit Satz XXII (*De causa Dei* I 2, S. 157).

Als Zeugnis für die Trinitätsphilosophie vorchristlicher Denker beruft er sich auf die Definitionen I und VII (*De causa Dei* I 2, S. 156–157).

Gott bewegt, selbst unbewegt, alles. Das sage die Definition XIX, und die stimme zusammen mit Avicenna, Algazel, Ammonius, Averroes und vielen anderen Philosophen (*De causa Dei* I 5, S. 176 B).

Jetzt erst, in *diesem* Stadium der Beweisführung, bringt Bradwardine seine berühmt gewordene Raumtheorie: Gott ist überall. Wenn Gott in seiner Allmacht die Welt an einen anderen Ort versetzen könnte, dann muss er auch am Ort B als anwesend gedacht werden, in seiner als unendlich vorgestellten Position, *in situ imaginario infinito*. Dies folgert Bradwardine aus den Definitionen II, X und XVIII des *Liber* (*De causa Dei* I 5, S. 179 A). Er beweist damit gegen die Peripatetiker, die ein reales Vakuum bestritten, dass es wohl ein Vakuum ohne Körper geben könne, aber kein Vakuum, in dem Gott nicht wäre (*De causa Dei* I 5, S. 180 B).

Er benutzt Spruch IX, um in Anlehnung an Boethius sein Konzept von Ewigkeit zu entwickeln (*De causa Dei* III 51, S. 828).

Wie die Beispiele zeigen, sind die vierundzwanzig Philosophen nicht die Hauptquelle Bradwardines. Sie können es nicht sein, wenn es um die Kritik des herrschenden Pelagianismus und die Wiederherstellung des späten Augustin geht. Bradwardine bietet die gesamte ältere Tradition auf, die heidnische wie die christliche, die philosophische wie die theologische und die poetische, gegen die jetzt, 1344, grassierende Pest der pelagianischen Irrlehre.

Bradwardines Absicht, Philosophie und Theologie im Dienst des strengsten Augustinismus wieder zu vereinen, speiste auch seine Geschichtsbetrachtung. Danach stammte die ‹Weisheit› von den Chaldäern. Abraham, den Bradwardine als Schriftsteller vorstellte, der einige tausend Bücher verfasst habe, brachte die Weisheit nach Ägypten. Hermes, der König von Ägypten war, fasste sie zusammen – von ihm erhielten sie sowohl Moses wie die Philosophen. Die Weisheit des Hermes umfasste alles – den Ursprung der Welt aus dem einen Prinzip, seine Anwesenheit und Vorauswirkung in allen Werken der Natur und des Menschen, schließlich die Aussicht auf eine neue Erde, die mit dem Menschen versöhnt wäre (*De causa Dei* I 40, S. 144 D–E).

Dass Paulus und die augustinische Gnadenlehre nach Bradwardines Urteil im 14. Jahrhundert fast verschwunden waren, dies hängt nach ihm mit der Verkennung des Prinzips der hermetischen und damit aller Philosophie zusammen. Bradwardine erinnerte oft an die Verurteilung von 1277; er reklamierte gegen jede Form von paganisierendem Naturalismus die gemeinsame Einsicht von Philosophie und Theologie, dass der eine Grund der Welt alles in allem bewirkt. Er betonte den *philosophischen* Ursprung dieser Ansicht: «Die Philosophen wissen es, ebenso die Theologen: Jedes Geschöpf, das Gott gemacht hat, hängt immer in seinem Sein von ihm ab als von dem, der es notwendigerweise erhält. Auf ähnliche Weise hängt es in seinem Handeln von ihm ab, denn aus sich ist es nicht vermögend, irgend etwas ohne Gott zu tun, der in besonderer Weise mitwirkt, ja, der in grundlegender Weise vorauswirkt» (*De causa Dei* I 40, S. 131 C–D).

Dies ist keine bloße Wiederholung des augustinisch-kirchlichen Dogmas, und ob er, wie man gesagt hat, ‹Determinismus› vorträgt, könnte nur eine eingehende Untersuchung von Buch II und Buch III entscheiden. Durchweg liegt seinem Buch die Ansicht zugrunde, die wahre Philosophie sei die wahre Religion: *Vera philosophia in cognoscenda divinitate et sancta divinaque religione consisti* (*De causa Dei* I 39, S. 104 E).

Das ist gewiss nicht «consistent with the teaching of St. Thomas», schon gar nicht bedeutet es die Verweisung der Philosophie aus dem Gebiet der Gotteserkenntnis. Es ist hermetisch-platonisch; es folgt aus dem emphatischen Begriff des ‹Ersten›, wie er dieser Philosophie eignet und wie er Aristoteles nicht fremd ist. Ein freieres und sachlicheres Verhältnis zu Aristoteles als bei Bradwardine wird man im Mittelalter selten finden. Die Mängel des Aristotelismus waren ihm klar; die Verurteilung von 1277 und die Einwände des Duns Scotus und anderer standen ihm vor Augen. Aber Bradwardine stellte Aristoteles in den Gesamtrahmen der hermetisch-platonischen Tradition. Er verwarf die Platon-Kritik des Aristoteles; schon Calcidius und Eustratius hätten gezeigt, dass diese Vorwürfe des Aristoteles gegen seinen Lehrer unzutreffend seien.

Bradwardine stützte sich auf die pseudo-aristotelische Schrift *Secretum Secretorum*, um das Bild eines anderen, des platonisierenden Aristoteles, zu zeichnen. So konnte er dann gelegentlich sagen: «Hermes, der Vater der Philosophen, und Aristoteles, sein Sohn.»

In seiner großen Zusammenstellung platonisierender Axiome zum Verhältnis von Grund und Begründetem im 2. Kapitel des

I. Buches von *De causa Dei* zitierte Bradwardine daher nicht nur Sätze der augustinischen und der arabischen Philosophie, sondern nannte neben Proklos (vor allem den ersten Satz der *Elementatio*) auch aristotelische Grundsätze dafür, dass alles Viele nur durch das Eine existiert und wirkt.

In seiner geschichtlichen Welt der bunten Mannigfaltigkeit hierarchisch gestufter Zwischeninstanzen stellte Bradwardine seinen Gott als absoluten Weltmonarchen auf. Er verwahrte sich aber dagegen, ihn als Tyrannen zu denken, der sagt: «So befehle ich, so will ich es, es gilt statt der Begründung mein Wille» (*De causa Dei* I 21, S. 229 E). Er sah die Theologie des 13. Jahrhunderts überwiegend beherrscht von der frühbürgerlichen Mentalität, die auch das jenseitige Schicksal des Menschen berechnen und vertraglich vorklären wollte. Ihr gegenüber wirkte seine Verwerfung jeder Art von Verdienst schroff. Hart sprach er es aus: Die Augustin-Abschwächungen waren inkonsequentes Denken und entsprangen der Kaufmannsmentalität: Sie wollen die Gnade kaufen.[89]

Die Gnadenphilosophie Bradwardines mit der für sie wesentlichen Polemik gegen die theoretischen Befürworter autonomer Zwischeninstanzen und kaufmännischer Kulanz zeigte die Grenzen der spätmittelalterlichen Welt. Sie dachte – in der Form spekulativer Theologie – hinaus über Lehenspyramiden, Kleinstaaterei und kirchliche Geldgeschäfte. Sie rief die hermetisch-platonische Philosophie als Schlüssel zur paulinisch-augustinischen Prädestinationslehre gegen ihr Jahrhundert auf und erschloss dabei einen ungeheuren Reichtum vergangener Philosophie und Poesie; aber sie tat dies unromantisch, als unerbittliche Kritik an den Zurechtlegungen des 14. Jahrhunderts.

Rückblick

Blicken wir hier noch einmal zurück auf die Rolle des *Liber* in der Geschichte des Denkens. Er hatte eine eminente Funktion beim Übergang vom geschlossenen Universum zur offenen Welt; dies haben Dietrich Mahnke und Alexandre Koyré gezeigt. Sie haben dadurch die Aufmerksamkeit auf den Spruch II gelenkt, mit sachlichem Recht, gewiss, aber doch mit einem Nachteil als Folge: Der Text als ganzer und seine philosophische Bedeutung trat in der Aufmerksamkeit zurück. Daher habe ich alle vierundzwanzig Sprüche erklärt und habe hervorgehoben: die metaphysischen Aussagen (besonders VI, X, XI), besonders zur Natur der unendlichen Einheit (besonders III, VII, IX, XI, XIII, XV) und ihrer *creatio* (besonders XIV), die folgenreichen trinitätsphilosophischen Sätze (besonders I, IV, XII) und die Reflexionen zu Sprache und Erkenntnis (besonders XVI, XVII, XXIII).

Ich wollte das Buch insgesamt mit seiner einheitlichen Konzeption vor Augen stellen und Einseitigkeiten sowohl der Rezeption wie der Forschungsgeschichte sanft korrigieren.

Der unvollendete Spinozismus von Satz VI, das Sein der göttlichen Einheit über Sein und Nichtsein (besonders Sätze X und XI), das durchgängige Motiv der Lebendigkeit sowie die sprach- und erkenntnisphilosophische Vorbereitung der *docta ignorantia* (XVI, XVII und XXIII) – dies alles verdient Interesse und wurde doch bisher über der wissenschaftsgeschichtlichen Fruchtbarkeit von Definition II vernachlässigt. Weil sie so folgenreich war für die Kosmologie, wurden ihre fundamentalphilosophischen oder metaphysischen Aussagen und ihre denkgeschichtliche Gesamtbedeutung weniger erforscht. Ich kehre aber zu dem mächtigen Bild der Kugel ohne Peripherie, also zur zweiten Definition zurück und nehme dazu den Anfang noch einmal bei Meister Eckhart.

Der vermutlich älteste Text Eckharts, der uns überliefert ist, ist seine Pariser Osterpredigt, die sich ausnahmsweise genau datieren lässt, nämlich auf das Jahr 1294. Eckhart präsentierte sich damit in der akademischen Öffentlichkeit. Und er tat es auf charakteristische Weise: Gleich am Anfang, im ersten Textabschnitt, beginnt er mit zwei Zitaten, eines aus Cicero und dann mit unserem Spruch II. Soviel Antike war für eine Predigt ein eigentümlicher Anfang, der nicht dadurch weniger befremden mochte, dass Eckhart hinzufügte, Cicero sei unter allen Lehrern der Rhetorik derjenige, den Augustinus am meisten empfohlen habe.[90] Cicero weise darauf hin, dass Unerwartetes, Unglaubliches und Ungewohntes die Hörer am meisten fasziniere, und dies enthalte die österliche Aufforderung, ein Freudenmahl zu halten. Denn hier werde uns Gott, die unbegreifliche ‹intelligible Kugel›, *sphaera intelligibilis et incomprehensibilis*, deren Zentrum überall und deren Peripherie nirgends ist, in der Form des Brotes als Speise angeboten.

Das war ein origineller Neuanfang: Eckhart stellt Messe und das Abendmahl dar als die ideale Erfüllung der rhetorischen Regeln Ciceros wegen der staunenerregenden unbegreiflichen Präsenz der unendlichen Einheit in einem Stück Brot. Der Spruch II der vierundzwanzig Philosophen setzt sprachliche Kombinationsmöglichkeiten und rhetorische Finessen frei, die Eckhart hervorhebt, ohne sich daran zu stören, dass aus dem von ihm zitierten Satz folgt, dass Gott unteilbar, also ganz, an jedem anderen Punkt des Weltalls ebenso präsent ist wie in dem Stück Brot auf dem Altar. Macht die zweite Definition nicht Sakramente und die gesamte kirchliche Heilsvermittlung überflüssig? Der Sache nach zweifellos, aber Eckhart zieht daraus eine aus Cicero gewonnene Regel der Beredsamkeit auf der Kanzel. Mehr interessiert ihn hier nicht. Was in der Geschichte des Denkens als unvereinbar, weil widersprüchlich gilt, wird in der realen Geschichte des Denkens nicht nach rein logischen Gesetzen bestimmt. Auch Widersprüchlichkeit ist ein historisches Phänomen. Es muss ein Interesse an der Aufdeckung von Widersprüchen bestehen; es müssen Denkregeln vernachlässigt oder Ausnahmebedingungen ersonnen werden, um Unvereinbares akzeptabel zu machen. Der junge Eckhart machte daraus in Paris, gestützt auf Cicero, geradezu ein rhetorisches Spektakel. Mit Hilfe von Satz II hob er die göttliche Unendlichkeit in unbegreifliche Höhe; von Kosmoskugel oder Sternensphären war keine Rede; die Unvereinbarkeit der dinghaften Präsenz des unendlichen Gottes deklarierte er als rhetorischen Effekt. Für Eckhart blieb es nicht dabei, aber so fing er an: Der Blitz, der eine Glaubenswelt hätte zerstören können, bekam zunächst einen Blitzableiter aus der Rhetorik. Thomas Bradwardine bewies mit Hilfe des *Liber* die gesamte christliche Glaubenslehre axiomatisch und ordnete sie neu; dazu zog er die Regel V heraus, die ebenfalls nichts mit Kosmologie zu tun hat, die aber das dynamische Prinzip enthielt, bei jedem präsentierten Inhalt die Frage zu stellen, ob nichts Besseres gedacht werden könne. Während Eckhart dem Spruch II den Stachel zog, indem er ihn zunächst rhetorisierte und später als Anregung nahm, Koinzidenzerfahrungen festzuhalten, also das Größte im Kleinsten zu finden, entsorgte Bradwardine ihn auf dem Spezialgebiet der Kosmologie mit seiner Lehre vom unendlichen, leeren göttlichen Raum, der den faktisch gegebenen Weltraum unendlich überragt: Gott in *situ imaginario infinito* enthielt in sich die aristotelisch-ptolemäischen Weltschalen, überstieg sie aber so sehr, dass in einem jahrhundertelangen Prozess denkbar wurde, man brauche sie gar nicht. Die unendliche Gottkugel bedrohte nicht nur das kirchliche Selbstverständnis der Gottespräsenz in Sakramenten, sondern auch die traditionelle Kosmologie der Erdkugel und der runden Sternensphären. Aber es gab immer auch intellektuelle Techniken, den zerstörerischen Effekt der These II zu eliminieren. Mit Hilfe subtiler Distinktionen ließ sich die Unendlichkeit Gottes als die des Weltverursachers deuten, dem gegenüber oder außerhalb dessen eine endliche Welt Bestand habe. Diese kausale Interpretation beließ irdischen Substanzen die Selbständigkeit, die Satz VI ihnen abgestritten hatte.

Thomas Bradwardine ist zwanzig Jahre nach Eckhart gestorben. Beider Werk lebt vom Buch der vierundzwanzig Philosophen. Beide haben dessen philosophischen Ductus fortgeführt, um eine Form des christlichen Denkens zu entwickeln, die kohärenter sein sollte als das gewöhnliche scholastische Denken. Er scheute nicht davor zurück, Petrus Lombardus anzugreifen und die Vielen, die diesem folgten. Beide kritisieren die Normalscholastik; dabei zeigt Bradwardine ein weitaus größeres Interesse an formaler Beweistechnik als Eckhart. Bradwardine hat das «immens-große Buch» tatsächlich geschrieben, das Eckhart nur angekündigt, aber nie realisiert hat. Bradwardine zitiert Duns Scotus, Eckhart noch nicht. Dadurch war die Lage für Bradwardine komplizierter; er musste sich auf Subtilitäten einlassen, die Eckhart ignorierte. Er legte eine ausgearbeitete neue Gesamtkonzeption von Philosophie, Theologie und Naturwissen vor, eine logisch und quasi-mathematisch durchkonstruierte Summa für das neue Jahrhundert. Eckhart ging auswählend vor; er ließ vielen Schulstoff auf sich beruhen, den Bradwardine im einzelnen nach der fünften Regel der Vierundzwanzig minutiös korrigierte. Beide erneuerten den Gesamtbestand des christlichen Selbstverständnisses. Beide verabscheuten Kompromisse; beide hätten ihr Reformchristentum nicht artikulieren können ohne *Das Buch der 24 Philosophen*. Beide machten von ihm einen originellen freien Gebrauch.

V. Strittige Deutungen.
Zur Forschungsgeschichte

Die Forschung arbeitet seit 1886 am *Liber*. Ich stelle die wechselvolle Forschungsgeschichte in ausgewählten Szenen kurz vor. Vollständigkeit kann dabei meine Absicht nicht sein.

1. Heinrich Denifle

Die wissenschaftliche Beschäftigung mit unserem Text begann mit Heinrich Denifle (1844–1905). Der Dominikaner aus Tirol wurde in Deutschland durch seine höchst gelehrte, aber derbe Polemik gegen Luther bekannt, weniger durch seine bis heute unentbehrlichen Handschriftenstudien, die er seit 1883 als Archivar im Vatikan durchführen konnte. Er hat in Erfurt, später auch in Kues die lateinischen Schriften Meister Eckharts entdeckt und 1886 in Teilen herausgegeben. Er verband sie mit einer durchaus angebrachten Polemik gegen Germanisten und evangelische Theologen, die allein aus den deutschen Schriften Eckharts ein System der Theologie Eckharts konstruiert hatten, meist ohne wirkliche Kenntnis der mittelalterlichen Philosophie und Theologie. Er stellte fest: «Eckhart muss eben jeder mißverstehen, der die Scholastik nicht kennt» (Denifle, *Meister Eckeharts lateinische Schriften,* S. 521). Denifle erkannte, dass das *Buch der 24 Philosophen* von Eckhart, vielleicht von ihm, wie er meinte, als erstem, hoch eingeschätzt wurde, und er publizierte die vierundzwanzig Thesen aus einer schlecht geschriebenen Erfurter Handschrift, eine Fassung ohne den alten Kommentar.[91] Denifle beschäftigte sich nicht genauer mit dem Text; sein abschätziges Urteil darüber habe ich schon zitiert: «nichtssagendes

Stück». Er vermerkte noch nicht einmal dessen Präsenz in Eckhart-
texten, die er zitierte. Für den Neothomisten Denifle war es ein ver-
worrener Text, der Glauben und Wissen, Natur und Übernatur
durcheinanderbrachte und der so recht zu Eckhart passte, dem
Denifle «gräuliche Begriffsverwirrung», «Verschwommenheit und
Unklarheit» vorwarf (Denifle, *Meister Eckeharts lateinische Schriften*, S. 519). Natürlich auch Häresie; Denifle fand die Verurteilung
durch Johannes XXII. berechtigt, eher noch zu mild.

2. Clemens Baeumker

Solche Zensuren waren Clemens Baeumker (1853–1924) eher fremd.
Baeumker hatte die Vielfalt philosophischer Strömungen im Mittelalter erkannt. Er war ein gelehrter Kenner der antiken Philosophie,
er hat die Fortwirkung platonischer und neuplatonischer Denkwei-
sen neben den peripatetischen untersucht und er hatte neue Handschriften entdeckt. Er konnte zeigen, dass der Text seit der Mitte des
13. Jahrhunderts bekannt war, dass ihn auch Thomas von Aquino
zitiert hat und dass seine Thesenform auffallende Ähnlichkeit mit
Texten des zwölften Jahrhunderts aufweist: mit den ‹Theologischen
Maximen› des Alanus ab Insulis, mit der *Ars fidei* des Nikolaus von
Amiens, mit der Schrift *De intelligentiis*, auch mit dem *Liber de
causis* und dessen griechischer Vorlage, der *Elementatio theologica*
des Proklos. Eine griechische oder arabische Herkunft wollte er ihm
nicht zuschreiben. Baeumker stellte aber den Text in den weiteren
Rahmen der Fortwirkung neupythagoreischer und neuplatonischer
Motive; er sah, dass der Text sich auf Boethius, den Asklepius,
Makrobius und Dionysius Areopagita stützen konnte. Er bemerkte,
der Text habe fortgewirkt bei «verwandten Geistern» wie Eckhart
und Cusanus, auch bei Thomas Bradwardine, er sei aber zurückgedrängt worden durch Thomas von Aquino und dessen «entschlos-
sene Abkehr» von philosophischen Theorien der Trinität. Baeumker gab den Text aufgrund dreier besserer Handschriften heraus,
und zwar mit dem alten Kommentar, von dem er feststellte, dass er
in den älteren Handschriften mit den vierundzwanzig Definitionen

verbunden ist, während nur jüngere Handschriften sich auf die vierundzwanzig Propositionen beschränken. Damit war außerordentlich viel gewonnen gegenüber Denifle, doch konnte auch Baeumker inhaltlich mit dem Text nichts anfangen. Er beklagte dessen «geschraubten Stil» und schloss mit der Bemerkung, er sei ein «interessantes historisches Dokument», habe aber wegen des «Spielens mit Bildern und gesuchten Gleichnissen» «uns philosophisch nicht mehr viel zu sagen».[92]

3. Dietrich Mahnke

In den Jahren zwischen den beiden Kriegen kam es zu einer Neubewertung des *Buchs der 24 Philosophen*. Während Baeumker zwar den Ton abmilderte und es umfassender einzuordnen verstand, stimmte er in der sachlichen Geringschätzung mit dem groben Denifle überein. Dietrich Mahnke (* 1884 † 1939 bei einem Verkehrsunfall) brachte mit seiner Monographie *Unendliche Sphäre und Allmittelpunkt*[93] ein neues Bild. Mahnke hatte die Absicht, den französischen Studien zu Pascals Satz von der unendlichen Sphäre ein deutsches Pendant zur Seite zu stellen, das zunächst an Leibniz orientiert war. Aber seine Studien weiteten sich zur Vergangenheit hin aus. Er fand, Meister Eckhart habe durch sein Interesse am *Buch der 24 Philosophen* auf dem Weg über Cusanus und Ficino die gesamte europäische Philosophie, Kosmologie und mathematisierende Mystik bestimmt. Genaugenommen war es die zweite Definition, der Mahnke nachging, bis hin zu ihren neupythagoreischen und neuplatonischen Vorlagen. Der Mathematiker und Leibnizforscher Mahnke entdeckte unser Buch als Scharnierstück der Geschichte der, wie er sagte, «mathematischen Mystik». Er erklärte, seine Studie diene der «nationalen Selbstbesinnung», zeige sie doch, wie die deutschen Mystiker das «äußerlich vom griechischen und christlichen Neuplatonismus empfangene Geisteserbe innerlich aus eigenstem Gemütsleben umgestaltet haben» (Mahnke, *Unendliche Sphäre*, S. VI). *Das Buch der 24 Philosophen* konnte so verächtlich nicht sein, wenn es von Eckhart über Jakob Böhme zu Leibniz und Novalis die deutschen Denker mit ihrem «typisch deutschen Individualismus» (Mahnke, *Unendliche Sphäre*, S. 34) angeregt hatte. Freilich habe das fremde Erbe nur «äußerlich» gewirkt; erst das «eigenste Gemütserleben» der Deutschen habe den wesentlichen Anteil an dieser Tradition geschaffen.

Fragt man, wie es nach 1920 zu einer Neubewertung des *Buchs der 24 Philosophen* kam, so treten bei Mahnke dafür zwei Hauptmotive hervor: Erstens: Die zweite Definition hatte auf die Entstehung der neuzeitlichen Kosmologie einen nachweisbaren Einfluss. Dieses Motiv wurde nach dem Zweiten Weltkrieg noch verstärkt durch den wissenschaftsgeschichtlichen Klassiker von Alexandre Koyré, *Von der geschlossenen Welt zum unendlichen Universum*,[94] der den geschichtlichen Zusammenhang von den deutschtümelnden Prämissen Mahnkes ablöste. Zweitens: Von ihr aus ließ sich eine mathematisch-mystische Tradition aufbauen, die kosmologisch fruchtbar war, und die der französischen Spekulation über die unendliche Sphäre als überlegen zur Seite gestellt werden konnte. Die deutschnationale Motivation sprach Mahnke offen aus. Ebenso deutlich war seine protestantische Weltauffassung, wenn er dem Vorkommen des Bildes der Sphäre bei Fichte, Schelling und Novalis vorwarf, es sei das Produkt einer Säkularisation. Die deutschen romantischen Denker hätten das Bild humanisiert, sogar naturalisiert (Mahnke, *Unendliche Sphäre*, S. 10), nur bei Franz von Baader habe es seine «theologische Tiefe» bewahrt; man musste also ins Mittelalter und zur Mystik zurückgehen.

4. Neue Motive. Werner Beierwaltes

Neue Motive zur Neubewertung des *Buchs der 24 Philosophen* zeichnen sich bei anderen Autoren ab: Mit dem allmählichen Zurückweichen der neuthomistischen Mittelalterkonzeption traten alternative Theologien des Mittelalters ans Licht, vor allem Ansätze des 12. Jahrhunderts zur axiomatischen Darstellung der Theologie. Sie ließen unser Buch nicht mehr ganz so abseitig erscheinen. Baeumker hatte diese Verwandtschaft gesehen, aber nicht seiner Bewertung zugrunde gelegt; neue Studien zur Theologie des 12. Jahrhunderts, insbesondere zu Gilbert Porretanus und Alanus ab Insulis, bahnten einen neuen Weg, dem insbesondere M. D. Chenu nach dem Zweiten Weltkrieg Ansehen verschaffte.

Vermutlich spielte beim Wechsel der Bewertung der allgemeine kulturelle Wandel der zwanziger und dreißiger Jahre mit, der auch die Konzepte von Wissenschaft und Philosophie berührte. Denifle und Baeumker gaben zu verstehen, der Text sei ihnen nicht streng genug gehalten. In der Tat vermeidet er mehr als andere Texte der Zeit die gängige Terminologie. Er schlägt Umwege ein, vermeidet Pedanterie und gefällt sich in Metaphern. Kurz: Er war zu unsystematisch und poetisch. Diese Konzepte von ‹strenger Wissenschaft› gerieten nach dem Ersten Weltkrieg in die Krise und davon profitierten die ‹vierundzwanzig Philosophen›. Vielleicht gab es auch Theologen, die von der Trinität in einer offeneren Sprache redeten, also nicht auf dem Personbegriff und der Dreizahl bestanden; sie konnten sich in der ‹dreiförmigen Wesenheit› wiederfinden und urteilten dann weniger abfällig.

1985 gab Werner Beierwaltes im *Verfasserlexikon* (Beierwaltes, *Liber XXIV philosophorum*, Sp. 767–777) einen ruhigen Überblick über den Stand der Forschung. Er wies die noch unter dem Einfluss Denifles stehenden Beschimpfungen als «absonderliches Machwerk» oder «Sammelsurium» zurück.[95] Er zeigte in Kürze die Einheitlichkeit der Konzeption als Denken der Einheit als reflexiver Dreiheit. Er verteidigte sie gegen den Vorwurf des Pantheismus: Die Gottheit ist zugleich in allem und über allem; sie ist überall und zugleich nirgends (Beierwaltes, *Liber XXIV philosophorum*, Sp. 679).[96] Beierwaltes betonte, die Grundzüge dieses Gotteskonzepts könnten aus Plotin und Proklos präzis nachgewiesen werden; als Vermittler hätten ‹Asklepius›, Augustinus, Macrobius, Boethius, Dionysius Areopagita und Johannes Eriugena gewirkt. Auch die Wirkungsgeschichte weise den Text als bedeutend aus: Zunächst hätten die beiden ersten Definitionen im Vordergrund gestanden, aber Meister Eckhart habe umfänglichen und differenzierenden Gebrauch von diesem Text gemacht und habe damit, wie Wackerzapp zeigen konnte,[97] schon früh auf Nikolaus von Kues gewirkt. Für Cusanus seien besonders die Sätze II (unendliche Sphäre) und XIV (Gott als Gegensatz zum Nichts) folgenreich gewesen.

Beierwaltes gab ein ebenso kundiges wie wohlwollendes Gesamtbild mit dem Akzent auf der neuplatonischen Tradition, er datierte die Schrift etwa auf das Ende des 12. Jahrhunderts und neigte dazu, den mittelalterlichen Kommentar als später hinzugefügt und recht dunkel zu betrachten. Einen Konflikt mit der zeitgenössischen Theologie sah er nicht. Es schien, als habe die Forschung ein abgerundetes und harmonisches Bild erreicht.

5. Françoise Hudry

In Wirklichkeit begannen die Tumulte jetzt so recht. Denn es erschienen zwei Bücher von Françoise Hudry, die durch Gelehrsamkeit und Originalität alles bisher Geleistete übertrafen. Ihre drei Bücher[98] schufen für die Interpretation des *Buchs der 24 Philosophen* eine neue Lage, die gründlicher diskutiert zu werden verdient, als es hier möglich ist. Ich fasse ihre unbestrittenen Resultate zusammen:

Es gab mehr Handschriften, als Baeumker bekannt waren. Hudry zählt 26 Handschriften, von denen ich eine in der Mainzer Stadtbibliothek erstmals aufgefunden habe.[99] Außerdem sind zehn weitere verlorene Handschriften bezeugt. Der Text war also seit dem Ende des 13. Jahrhunderts recht verbreitet. Die älteste Handschrift aus der Bibliothèque Municipale von Laon mit der Nummer 412 stammt aus dem Beginn des 13. Jahrhunderts. Sie enthält die vierundzwanzig Definitionen und den Kommentar.

Es gibt – vereinfacht ausgedrückt – insgesamt drei Typen der handschriftlichen Überlieferung: erstens die Kombination der vierundzwanzig Thesen mit dem Kommentar I, zweitens die vierundzwanzig Thesen mit einem umfangreicheren und späteren Kommentar II, der im 14. Jahrhundert entstanden sein wird, und drittens die jüngere Überlieferung, die nur die 24 *Propositiones* ohne Kommentar bringt. Dieser Überlieferungsbestand macht es etwas wahrscheinlicher, dass der kürzere Kommentar gleichzeitig mit den

Definitionen entstanden ist und wohl vom selben Verfasser stammt. Es ist etwas weniger wahrscheinlich geworden, dass zuerst nur die Thesen existierten und der Kommentar später hinzugekommen ist. Dafür gibt es keine Beweise, nur Wahrscheinlichkeiten.

Hudry hat in beiden Editionen eine große Zahl antiker und mittelalterlicher Quellen nachgewiesen und außerdem in einem zweiten Apparat die mittelalterliche Wirkungsgeschichte belegt. Sie hat gezeigt, dass die Handschriften unseren Text verschieden benennen; sie nennen als Autor manchmal Hermes Trismegistus, manchmal Empedokles oder Proklos, auch Chalcidius oder Alanus ab Insulis. Die Bezeichnung ‹Buch der 24 Philosophen› komme im Genesiskommentar Eckharts zum ersten Mal vor.[100]

Zwei Pariser Handschriften unseres Textes zeigen Spuren wütender Kritik an seiner Position. Es sind die Codices Paris Bibliothèque nationale lat. 6286 und lat. 15 888.[101] Damit stellt sich die Frage, welche intellektuellen Motive ein Besitzer der Handschrift im 14. Jahrhundert gehabt haben mag, die vierundzwanzig Philosophen so brutal zu kritisieren. Darauf komme ich zurück.

Hudry verband ihre wertvollen Erkenntnisse 1997 und 2009 mit je einer Hypothese über die Entstehung des Textes, die originell, kompliziert und nicht für alle ihre Leser überzeugend ist. 1997 nimmt sie an, der Text gehe auf eine verlorene Schrift des Aristoteles zurück, nämlich auf den dritten Teil der aristotelischen Frühschrift *De philosophia*, die in Teilen arabischen Autoren bekannt gewesen sei; er sei also antiken Ursprungs. 2009 sieht sie darin eine verlorene Schrift des lateinischen Rhetors Marius Victorinus, der mit Elementen der antiken Philosophie die orthodoxe Trinitätslehre gegen Arius verteidige.

Dass das *Buch der 24 Philosophen* viele antike Vorlagen hatte, aber keine von ihnen zitiert, das haben seit Baeumker alle Forscher gesehen. In diesem Sinne bestehen die Hypothesen von Hudry zu Recht. Aber dass das Buch als ganzes aus der Antike stamme, das kann nicht als bewiesen gelten. Und zwar, um es vereinfacht auszudrücken, aus zwei Gründen: Der Verfasser legt den antiken Weisen Formulierungen in den Mund, die zwar nicht in der Sprache der Theologie des 13. Jahrhunderts gehalten sind, aber eine freiere, eine philosophische Konzeption der christlichen Trinitätslehre enthalten. Der Verfasser war Christ, muss man folglich annehmen. Dies könnte für Marius Victorinus sprechen. Zweitens ähnelt sein Verfahren stark den Entwürfen einer axiomatischen Theologie, wie sie gegen Ende des 12. Jahrhunderts öfter vorkommen, es sei nur an Alanus ab Insulis († 1203) erinnert. Verstärkt werden diese beiden Argumente durch die Tatsache, dass es kein Manuskript gibt, das älter ist als etwa 1200. Dieses Argument allein kann nicht ausschlaggebend sein, bekräftigt aber die Hauptargumente.

6. Paolo Lucentini

Das schöne kleine Buch von Paolo Lucentini, *Il libro di ventiquattro filosofi,* bringt nicht nur eine italienische Übersetzung der Definitionen und des alten Kommentars, sondern bedeutet auch einen gewissen Abschluss der bisherigen Forschungsgeschichte, ohne das letzte Wort zu beanspruchen. Vieles bleibt dunkel. Aber Lucentini hat keine Angst mehr vor Metaphern. Er überlegt mit Jorge Luis Borges, ob die Weltgeschichte vielleicht nichts anderes sei als die verschiedene Betonung gewisser Metaphern. Dadurch fallen die alten abwertenden Zensuren weg. Sodann betrachtet Lucentini unseren Text sowohl philologisch genau im Detail als auch als ganzen Text in seiner geschichtlichen Umwelt. Er findet darin eine konsistente Konzeption, nämlich eine philosophische Transposition der christlichen Trinitätslehre. Er widerspricht damit Kurt Ruh, der jedenfalls von der ersten Gottesdefinition des *Liber* sagt, es sei ein «nichtchristlicher Text», den Alanus ab Insulis, dann Albertus Magnus und Thomas von Aquino christlich umgedeutet hätten.[102] So greife gleich die erste These die philosophische Dreieinheit von *mens, notitia, amor* aus Augustins *De Trinitate* IX auf. Allerdings ist die Christlichkeit unseres Buchs von sehr eigener Art. Dies erklärt sich einmal aus dem fiktiven Charakter des Textes, sodann aber und vor allem aus der historischen Nachbarschaft der zweiten Hälfte des 12. Jahrhunderts. Damals gab es mehrere Versuche, die christliche Theologie, besonders die Trinitätslehre, nach dem Muster der Elemente des Euklid axiomatisch anzulegen. Diese

Art von Theologie finde sich im Kommentar des Gilbertus Porretanus zu der Schrift des Boethius *De hebdomadibus,* ferner in den *Regulae caelestis iuris* des Alanus ab Insulis sowie in der *Ars fidei catholicae* des Nicolaus von Amiens. Immer sei auch an die Wirkung des Thierry von Chartres und des Wilhelm von Conches zu denken. So lautet der Datierungsvorschlag von Paolo Lucentini: Kurz nach der Mitte des 12. Jahrhunderts (Lucentini, *Il libro,* S. 46). Zeno Kaluza urteilt: vers la fin du XIIe siècle où au début du XIIIe (Kaluza, *Comme une branche,* S. 122).

Der Vorzug der Analyse von Lucentini besteht darin, sich nicht nur für einzelne Termini und Motive der Überlieferung zu interessieren, sondern eine geschichtliche Gesamtauffassung zu versuchen. Er nimmt die Forschungsfortschritte von Chenu, Hudry und d'Alverny auf und profitiert von den Textausgaben von Häring.[103] Dadurch kann er ein differenziertes Bild der Philosophie, Theologie und Wissenschaft des 12. Jahrhunderts zeichnen. Lucentini gibt dem Text historischen Zusammenhang. Er führe Motive der Denker des 12. Jahrhunderts fort; er stehe fremd zur beginnenden Scholastik; er sei in eine Welt getreten, die bestimmt war durch die Aristotelesverbote von 1210,[104] die gleichzeitige Verurteilung des Amalrich, der gelehrt habe, alles sei eins,[105] und das päpstliche Verdammungsurteil über Johannes Eriugena von 1225.[106] Die Nähe zu Aristoteles und Boethius, zu Eriugena, dem *Liber de causis* und wohl auch Avicenna steht Lucentini zufolge fest. Rätselhaft bleibt der Text gleichwohl. Er trägt in eigentümlicher Sprache eine Sonderart der christlichen Philosophie vor. Dies erklärt die in den Handschriften sichtbar werdenden wütenden Kritiken.

7. Peter Sloterdijk

Peter Sloterdijk hat die Auseinandersetzung mit dem *Liber* auf eine neue Stufe gehoben, nicht durch philologische Entdeckungen, sondern durch historisches Philosophieren. In seinem dreibändigen Werk über *Sphären*[107] hat er die Kugelmetapher differenziert erforscht und daraus das Werden der neuzeitlichen und gegenwärtigen Welt zu begreifen gesucht. Sein monumentales Werk verdiente eine breitere und sorgfältigere Diskussion, als sie hier gegeben werden kann, aber einige Hinweise Sloterdijks setzen jedenfalls den *Liber* in neue Beleuchtung.

Sloterdijk verstand seine Aufgabe als die Beschreibung der Übergänge von der kleinsten dualen Blase zum umfassendsten Kugelkonzept der Welt, der Erde, des Reichs und der Kirchen; besonders interessierte ihn die Sprengung dieser Sphären. Er erkannte an den «Extraversionen der Sphären» einen Zug ins Unheimliche und Ungeheure, der braven Spezialisten leicht entgeht, während Pascal ihn aussprach. Die Höhle und überhaupt die Kugel bietet sich als Schutzraum und Wohnort an, nicht als Gefängnis, sondern als Raum, der das sich ausbreitende Leben hegt. Sloterdijk spricht von der Sprengkraft der II. Definition: Ihr Infinitismus habe alle sozialen und imaginären Gebilde der runden Wohnlichkeit zerstört, aber auch eine neuzeitliche Kosmologie als Sekundäreffekt ermöglicht. Sie symbolisiert in makrohistorischer Betrachtung die Auflösung der mittelalterlichen Welt. Sie nimmt der Peripherie den Charakter der beruhigenden Wölbung, sie nimmt der Mitte ihre traditionell dominante Stelle. Überall ist Mitte, und von jedem Punkt aus geht es ins Unendliche, wie These XVIII lehrt. Die «Überallsetzung der Mitte» musste mit der Zeit das «gesamte Transzendenz-Establishment» wegfegen (Sloterdijk, *Sphären*, Band II, S. 551). Sie sprengte zunächst «den wohlgerundeten, katholisierten aristotelischen Kosmos» auf; die Kehre des Kopernikus war dann die kosmologische Ergänzung auf dem «außertheologischen Schauplatz» (Sloterdijk, *Sphären*, Band II, S. 550). Sloterdijk beharrt mit Recht darauf, dass man zwei Maxi-Kugeln zu unterscheiden habe: die Gottkugel ohne Peripherie und den Kosmos mit seinen Schalen. Wie die Struktur der Göttlichen Komödie beweist, war das ptolemäische Sphärensystem noch mit dem eindeutigen Aufstiegsweg nach oben zu verbinden; innerhalb der allumfassenden Gottsphäre von Spruch II weiß niemand mehr, wo oben und unten ist. Gott ‹oben› zu suchen, heißt dann: ihn verfehlen. Eben dies hat Meister Eckhart ausgesprochen und die jetzt vakante Mittelstelle durch ebenso viele variierenden Weltproduktionszellen ersetzt als es Söhne

Gottes gibt. Im Prinzip, wenn auch lange noch nicht in der europäischen Realität, war es damit um die «katholische Herrlichkeit geschehen, mitsamt ihren Chören, ihren Hierarchien, ihren unvordenklichen zentrokratischen Gewohnheiten» (Sloterdijk, *Sphären*, Band II, S. 550). Indem die These II dem göttlichen Weltgrund, wie es Spruch V fordert, die Größe gibt, über die hinaus Größeres nicht gedacht werden kann, vollendet sie die alte Metaphysik und legt sie den Grund ihrer Zerstörung. Sie bedroht die fromme Selbstidentifizierung mit dem so ins Unendliche ausgedehnten Gott. Dieser «zu Ende gedachte Gott [...] besitzt keine einzige evangelische Eigenschaft mehr». Er hat alles Intime und Runde abgeworfen. «Der Gedanke an ihn vernichtet die kleinen Heimatrechte der Seelen, die sich auf ihr Heil in Hauskapellen, Landschaften, Vorrechten und Grandiositäten stützen» (Sloterdijk, *Sphären*, Band II, S. 552).

Für das Verständnis des *Liber* bringt Sloterdijks Geschichtsbetrachtung weiterführende Anregungen, die jetzt mit der Arbeit am Text zu verbinden sind: Sie erzwingt erstens die Unterscheidung zweier inkompatibler Kugel-Systeme, zweitens richtet sie die Aufmerksamkeit auf den Prozess der Dezentralisierung, die der Infinitismus erzwingt, drittens fordert sie auf, nach den intellektuellen, sozialen und religiösen Abmilderungs- und Verbrämungstechniken zu suchen, von denen ich oben Proben gegeben habe, denn Gesellschaften wie Individuen entwickeln Verfahren, radikale Infragestellungen von sich fernzuhalten, viertens fragt er nach dem internen Zusammenhang zwischen dem Tod Gottes und dem theologischen Infinitismus. Spöttisch fährt Sloterdijk fort: Diesen Zusammenhang zu begreifen, «fällt den Abonnenten einer gemächlicheren Theologie in allen theologischen Lagern schwer, und um so schwerer, je lieber sie an der Illusion festhalten, die Religionszersetzung und Heimatauflösung durch die Modernisierung sei wie ein äußeres, ungerechtes und ungewolltes Verhängnis über sie hereingebrochen. Sie verstehen nicht, dass der Prozess der Moderne in der Theologie selbst eine seiner Quellen hat» (Sloterdijk, *Sphären*, Band II, S. 553). Und dafür sind die Definitionen II und XVIII mit ihrem konsequenten Infinitismus das sprechendste Dokument. Der *Liber* veranstaltet das «Endspiel der Theologie» (Sloterdijk, *Sphären*, Band II, S. 554).

VI. ‹Gott im Mittelalter› – Eine kulturhistorische Betrachtung

Das *Buch der vierundzwanzig Philosophen* gibt noch manche Rätsel auf, was Zeit und Ort seiner Entstehung angeht. Aber dass es zwischen 1200 und 1800 abgeschrieben, gelesen, umgedeutet und weitergedacht worden ist, das ist unbestreitbar. Es förderte die kosmologische Spekulation, aber es war nicht für sie konzipiert. Sein Thema war: Was ist Gott? Nicht: Was ist der Weltraum? Welche Rolle konnte es überhaupt im Ganzen mittelalterlicher Konzeptionen von Gott und in deren alltagspraktischen Formen und institutionellen Verfestigungen spielen?

Einige seiner möglichen Wirkungen haben sich im Lauf der Textanalysen gezeigt: Es bewies den Wert der Weisheit der Heiden. Es belegte die Tauglichkeit der philosophischen Vernunft zu theologischen Ansprüchen. Es schuf Distanz zu positiven Behauptungen über Gott und zur religiösen Alltagspraxis dieser Jahrhunderte. Es rückte Bibel, Bibeltheologie und Kirchendienst in die Ferne zugunsten unmittelbarer Gottesnähe. Es erwies Vermittlungsinstanzen als überflüssig: Gott war überall ganz. Es löste Hierarchien auf. Nicht alle, denn die kosmischen Stufen der arabischen Philosophen, besonders Avicennas, kommen im Kommentar zur zwanzigsten Definition noch vor: ‹Erste› ‹Beweger› – ‹Intelligenzen› – ‹Himmelsseelen› – ‹Himmelskörper› – ‹irdische Dinge›. Aber diese und jede andere Hierarchie waren nun umfangen von der unendlichen Gottsphäre, in der Gott an jedem Punkt unteilbar anwesend war.

Das *Buch der 24 Philosophen* störte den Aufbau der Pariser Schultheologie aus zwei verschiedenen Gründen: Es begünstigte den Streit der Fakultäten. Fingierte, heidnische Philosophen bemächtigten sich des Zentralgeheimnisses der Theologen, der Trinität. Es störte den Konsens, der sich ausbreitete, dass die Philosophie zwar die Existenz Gottes, seine Geistigkeit und Einheit, seine Allmacht und Ewigkeit beweisen sollte, dass aber das Wissen von seiner Dreieinheit dem Glauben und der Glaubenswissenschaft vorbehalten war. Es schien zu belegen, dass das kostbare Sondergut des christlichen Bewusstseins allgemeiner und uralter Menschheitsbesitz war.

Bei der Betrachtung der vierundzwanzig Sprüche zeigte sich folgende Ambivalenz der theoretischen Konzeption des *Liber:* Einerseits dehnt er die Kenntnisse der philosophischen Vernunft aus und weiß das dreigestaltige Wesen Gottes; andererseits sieht er das einzige Ergebnis der philosophischen Theologie in der Erkenntnis, was Gott *nicht* ist. Er forciert die negative Theologie. Seine schroffe Erklärung der Unerkennbarkeit der unendlichen Einheit brach sowohl mit der Pariser Universitätstradition wie mit Augustinus, von dem für diese Selbstbeschränkung der Vernunft nur vereinzelte Zitate verwendbar waren.

Das Buch der 24 Philosophen musste in Paris auf Widerstand stoßen. Offiziell verurteilt wurde es nie, mancher große Theologe zitierte daraus einzelne Sprüche. Selbst innerhalb der orthodoxen Varianten repräsentierte es einen anderen Stil als den, der sich im 13. Jahrhundert in Paris durchsetzte. Seine Sprache war anders, näher bei der Schule von Chartres und bei Gilbert von Poitiers. Es hatte einen anderen Begriff von Philosophie, von Vernunft und von Gott. Es bedrohte einen bestimmten Typus von Theologie, indem es philosophisch die Trinität zum Gegenstand machte. Noch gefährlicher war seine negative Theologie: Deren radikale Form – dass wir von Gott nur wissen, dass er ist, sonst nichts – hat der Bischof von Paris 1277 mit den Thesen 215 und 216 verboten.[108] Papst Johannes XXII. hielt Eckhart vor, er habe diese Übertreibung der Negation dem Volk gepredigt.[109] Diese Botschaft las man zwar auch bei Dionysius Areopagita.[110] Aber ihn konnte man in Paris nicht angreifen. Schließlich galt er als der intime Paulusschüler und als der erste Bischof von Paris. Hingegen konnte man Johannes Eriugena, den Juden Moses Maimonides und den *Liber* verdächtigen. Einige Abschreiber ließen den radikalen *ignorantia*-Spruch XXIII einfach weg; d'Alverny beschreibt eine Handschrift der Pariser Bibliothéque Nationale (*Cod.* lat. 6286), deren mittelalterlicher Besitzer *Das Buch der 24 Philosophen* unlesbar machen wollte.[111] Wenn es nicht häretisch war, so war es doch manchem Theologen verdächtig. Es ließ sich allerdings auch verteidigen: Es enthielt die orthodoxe Trinitätslehre und die Überzeugung von der Erschaffung der Welt aus dem Nichts; es enthielt die Aufforderung, sich mit dem Einen zu vereinen und vermied jede Diskussion über naturalistische Ethik oder über den Niedergang der Kirche.

Das Buch der 24 Philosophen sagt also nicht, was im Mittelalter ‹alle› über Gott sagten. Es war eine Stimme unter vielen, und eine umstrittene dazu. Und doch sagt dieser Text etwas darüber aus, was im ‹Mittelalter› über Gott zu sagen möglich und dann auch wirklich war. Sein unendlicher Gott gehört keiner Kirchenhierarchie und keiner Schultheologie. Er steht fern der populären Religion; er fordert keine Wallfahrten und kein Fasten; er entzieht sich jeder Indienstnahme durch Herrscher. Er engt nicht ein; er ruft in die unendliche Weite. Erst Meister Eckhart sprach von ihm in deutscher Sprache auf der Kanzel.

Unser Text korrigiert manche Vorstellung über den Gott des Mittelalters, wie sie Festredner zum Reformationstag und fortschrittsbegeisterte Kulturhistoriker verkündet haben. Er stellt die generelle Frage: Wie dachte man über Gott im Mittelalter? Er wirft sie neu auf, indem er vermeintliche Gewissheiten zerstört über die Zeitalter Mittelalter und Neuzeit.

In Rilkes *Neuen Gedichten* von 1907 gibt es dazu eine nachdenkenswerte Stimme:

Gott im Mittelalter
Und sie hatten ihn in sich erspart
Und sie wollten, dass er sei und richte,
und sie hängten schließlich wie Gewichte
(zu verhindern seine Himmelfahrt)
an ihn ihrer großen Kathedralen
Last und Masse. Und er sollte nur
Über seine grenzenlosen Zahlen
Zeigend kreisen und wie eine Uhr
Zeichen geben ihrem Tun und Tagwerk.

Aber plötzlich kam er ganz in Gang,
und die Leute der entsetzten Stadt
ließen ihn, vor seiner Stimme bang,
weitergehn mit ausgehängtem Schlagwerk
und entflohn vor seinem Zifferblatt.

Das Gedicht setzt ein: Vier Sätze, die mit «und» beginnen, beschreiben die Gottesroutine des vorgestellten mittelalterlichen Alltags. Es spricht nicht gering von den Frommen dieser Zeit. Sie hatten das Beste, das sie in sich vorfanden – Wohlwollen und Vernunft, Weisheit und Fürsorge – für ihren Gott aus sich herausgesetzt, nicht aus Gehorsam gegenüber einer Autorität. Sie hatten nicht irgendein Gottesbild übernommen; sie hatten ihn in sich erspart. Er war ihr höchstes Gut, nicht als Wunschvorstellung, sondern als reales Sein. Dass ‹Sein› Begrenzung einschließt, diese Subtilität des *Liber* bedachten sie nicht. Sie brauchten etwas, worauf sie bauen konnten. Den ewigen Felsen des Seins nannten sie Gott. Sie wollten etwas Positives, etwas Bleibendes. Sie verlangten nach etwas, das über ihnen stand, ihre Wertordnung sicherte und gegen Untäter rächte. Sie brauchten einen Gott mit Weltgericht und Hölle. Ihm unterwarfen sie sich gern, denn er verlieh Sicherheit. Er trennte definitiv die Bösen von den Guten.

Um die Gegenwart dieses Gottes zu garantieren, bauten sie ihm die großen Kathedralen. Als Rilke dieses Gedicht schrieb, lebte er in Paris. Notre Dame stand ihm vor Augen, aber er sah darin nur den Versuch, Gott zu binden durch Last und Masse. Sie wollten die göttliche Ordnung präsent sehen wie die gewaltigen Turmuhren späterer Jahrhunderte. Er sollte ihren Tag einteilen und ihr Tagwerk regulieren.

Doch dann das ungeheure Ereignis: Der Zusammenhang zwischen ihm und der Alltagswelt zerriss. Nicht, dass die Uhr stehen blieb. Sie schlug nicht mehr die Stunde. Nicht, dass er unsichtbar geworden wäre, nur die Beziehung verlor sich im Unendlichen. Die Menschen, zuvor im Alltagsgang der Ordnung orientiert, bekamen Angst vor Gott, falls seine Stimme ertönen würde. Von der alten Gottesfurcht wie gelähmt, flohen sie entsetzt vor dem, der ihnen Halt gegeben hatte.

Rilke beschreibt die Flucht vor Gott und den Verlust der Lebensleitung wie ein plötzliches Ereignis. Ausgelöst wurde es, indem Gott seine unbändige Natur aus allen Bindungen löste, die man ihm angetan hatte. Rilke datiert nicht dieses furchtbare Ereignis. Er sieht die Befreiung vom alten, eingefangenen Gott nicht als weltgeschichtlichen Fortschritt, nicht als Grund zur Freude. Die Menschen mussten den Übergang nehmen zwischen selbstgewollter Abhängigkeit und Richtungslosigkeit. Sie lebten von da an in der Gottesferne. Sie ließen Gott in seiner Unendlichkeit auf sich beruhen. Dieser Vorgang ist so schicksalhaft und hart, dass nicht anzunehmen ist, Rilke lasse den Gott des Mittelalters durch die Reformation zu Tode kommen. Der Vorgang ist umfassender und schrecklicher als der legendenhafte Thesenanschlag. Die Menschheit ergibt sich, konfus und erschreckt, in die Gottlosigkeit.

Das *Buch der 24 Philosophen* nimmt nicht Rilkes welthistorische Skizze vorweg. Aber es belegt: Die Einbindung Gottes ins Endliche war nicht alles, was mittelalterliche Denker zu sagen hatten, wenn sie gefragt wurden: Was ist Gott?

VII. Bibliographische Hinweise

Ausgaben des *Buchs der 24 Philosophen*

Übersetzt habe ich nach der Textausgabe von Françoise Hudry, Liber viginti quattuor philosophorum = Hermes Latinus III, 1 im Corpus Christianorum. Continuatio Medievalis CXLIII A, Turnhout 1997. Diese Ausgabe gibt die im Mittelalter verbreitete Textform wieder, von mir zitert als h mit nachfolgender Seitenangabe.

Davon zu unterscheiden ist die französische Übersetzung:
F. Hudry, Le Livre des XXIV Philosophes, Grenoble 1989
  Und die Ausgabe nach dem Manuskript 412 von Laon, von mir zitert als H:
F. Hudry, Le livre des vingt-quatre philosophes. Résurgence d'un text du Ive siècle, Paris 2009.

Die beiden früheren Textausgaben:
Heinrich Denifle, Meister Eckharts lateinische Schriften und die Grundanschauung seiner Lehre, in: Archiv für Literatur- und Kirchengeschichte des Mittelalters, 2(1886), S. 427–429. Ohne den Kommentar.
Clemens Baeumker, Das pseudo-hermetische Buch der vierundzwanzig Meister (Liber XXIV philosophorum). Ein Beitrag zur Geschichte des Neupythagoreismus und Neuplatonismus im Mittelalter, in: Studien und Charakteristiken zur Geschichte der Philosophie, insbesondere des Mittelalters; in: Beiträge zur Geschichte der Philosophie des Mittelalter 25/1–2 (1927), S. 194–214.

Andere Textausgaben

Augustinus, Super Genesim ad litteram, hrsg. von Joseph Zycha, Wien 1913.
Berthold von Moosburg, Expositio super Elementationem theologicam Procli (= Corpus philosophorum Teutonicorum medii aevi Band 6), hrsg. von Loris Sturlese u. a., Hamburg 1984–2003.
Bertoldo di Moosburg, Expositio super elementationem theologicam Procli 184–211, hrsg. von Loris Sturlese, Edizioni di storia e letteratura, Rom 1974.

Chartularium Universitatis Parisiensis I, hrsg. von Heinrich, Denifle/Émile Chatelain, Paris 1899.
Cicero, De re publica, hrsg. von Konrat Ziegler, Berlin 1988.
Cicero, Lucullus, hrsg. von Otto Plasberg, Leipzig 1922.
Johannes Eriugena, Periphyseon D, hrsg. von Édouard Jeanneau, Corpus Christianorum. Continuatio Medievalis 165, Band V, Turnhout 2003.
Liber de causis, hrsg. von Adriaan Pattin, in: Tijdschrift voor Philosophie, 28 (1966), S. 134–203.
Meister Eckhart, Die deutschen und lateinischen Werke. hrsg. im Auftrag der Deutschen Forschungsgemeinschaft. Abt. I: Die Deutschen Werke, hrsg. von Josef Quint und Georg Steer. Stuttgart 1936 ff.
Meister Eckhart, Die deutschen und lateinischen Werke. hg. im Auftrag der Deutschen Forschungsgemeinschaft. Abt. II: Die Lateinischen Werke. hg. von Josef Koch, Heribert Fischer, Konrad Weiß, Karl Christ, Bruno Decker, Albert Zimmermann, Bernhard Greyer, Ernst Benz, Erich Seeberg und Loris Sturlese, Stuttgart 1936 ff.
Nikolaus von Kues, Apologia doctae ignorantiae, hrsg. von Raymond Klibansky, Leipzig 1932.
Origenes, De principiis, hrsg. von Herwig Görgemanns/Heinrich Karp, Darmstadt 1976.
Thomas Bradwardine, *De causa Dei* contra Pelagium, hrsg von Henricus Savilius, London 1618. Nachdruck: Frankfurt am Main 1964.

Literatur

Clemens Baeumker, Das pseudo-hermetische Buch der vierundzwanzig Meister (Liber XXIV philosophorum). Ein Beitrag zur Geschichte des Neupythagoreismus und Neuplatonismus im Mittelalter, in: Beiträge zur Geschichte der Philosophie des Mittelalter 25.1/2 (1927), S. 194–214.
Michael Baumgarter, Die Philosophie des Alanus ab Insulis, Münster/Aschendorff 1896.
Werner Beierwaltes, Liber XXIV philosophorum, in: Die deutsche Literatur des Mittelalters. Verfasserlexikon, Band 5, Berlin ²1985, Sp. 425–426.
Carsten Colpe/Jens Holzhausen, Das Corpus Hermeticum. Übersetzung, Darstellung, Kommentierung, 2 Bände, Stuttgart/Bad Cannstadt 1997.
Antoine Côté, L'infinité dans la théologie médiévale (1220–1255), Paris 2002.
Marie-Thérèse d'Alverny, Un témoin muet des luttes doctrinales du XIIIe siècle, in: Archives doctrinales et littérairs du Moyen Age 17 (1949) S. 223–248.
Heinrich Denifle, Meister Eckeharts lateinische Schriften und die Grundanschauung seiner Lehre, in: Archiv für Litteratur- und Kirchengeschichte des Mittelalters, Band 2, Berlin 1886, S. 427–428.

Peter Dronke (Hg.), A History of Twelfth-Century Western Philosophy, Cambridge 1988.

Florian Ebeling, Das Geheimnis des Hermes Trismegistos, München ²2009.

Susanne Edel, ‹Unendliche Sphäre›, in: Historisches Wörterbuch der Philosophie IV (1995), Sp. 1376–1379.

Markus Enders, Der Begriff der Unendlichkeit im abendländischen Denken, Hamburg 2009.

André-Jean Festugière, La Révélation de Hermès Trismegiste, 4 Bände, Paris 1945–1954;

Alexander Fidora/Andreas Niederberger, Vom Einen zum Vielen. Der neue Aufbruch der Metaphysik im 12. Jahrhundert. Eine Auswahl zeitgenössischer Texte des Neuplatonismus, Frankfurt am Main 2002.

Kurt Flasch, Aufklärung im Mittelalter? Die Verurteilung von 1277, Mainz 1989.

Kurt Flasch, Einleitung zu Berthold von Moosburg, Expositio super elementationem theologicam Procli, CORPUS PHILOSOPHORUM TEUTONICORUM MEDII AEVI, Band VI 1, Hamburg 1984, S. XI–XXXVIII.

Kurt Flasch, Meister Eckhart. Philosoph des Christentums, München ²2010.

Kurt Flasch, Nikolaus von Kues. Geschichte einer Entwicklung, Frankfurt am Main 1998.

Nikolaus M. Häring, Commentaries by Thierry of Chartres and his School, Toronto 1971.

Nikolaus M. Häring, Magister Alanus de Insulis, Regulae caelestis iuris, in: Archives d'histoire doctrinale et littéraire du Moyen Age 48 (1981), S. 97–226.

Zeno Kaluza, Comme une branche d'amandier en fleurs, in: Paulo Lucentini (Hg.) Hermetism from Late Antiquity to Humanism, Turnhout 2003, 99–126.

Alexandre Koyré, Von der geschlossenen Welt zum unendlichen Universum, zuerst 1957; deutsch: Frankfurt am Main 1969.

Josef Kroll, Die Lehren des Hermes Trismegistos, Münster 1914.

Gordon Leff, Thomas Bradwardine's *De causa Dei*, in: Journal of Ecclesiastical History 7 (1956), S. 21–29.

Paolo Lucentini (Hg.), Hermes Latinus, 4 Bände, Turnhout 1994–2006.

Paolo Lucentini, Il liber viginti quattuor philosophorum nei poemi medievali: Il Roman de la Rose, il Granum sinapis, la Divina Commedia, in: Jean Marenbon (Hg.), Poetry and Philosophy in the Middle Ages. Festschrift for Peter Dronke, Leiden/Köln 2001, S. 131–153.

Paolo Lucentini, Il libro dei ventiquattro filosofi, Mailand 1999.

Dietrich Mahnke, Unendliche Sphäre und Allmittelpunkt, Halle 1937.

Christian Moeus, The Metaphysics of Dante'as Comedy, Oxford 2005.

Claudio Moreschini, Storia dell' Ermetismo cristiano, Brescia 2000.

Kurt Ruh, Geschichte der abendländischen Mystik. Band III: Die Mystik des deutschen Predigerordens und ihre Grundlegung durch die Hochscholastik, München 1996, S. 33–44.

Peter Sloterdijk, Sphären, 3 Bände, Frankfurt am Main 1998 ff.

Loris Sturlese (Hg.), Studi sulle fonti di Meister Eckhart, Fribourg 2008.
Leo Sweeney, Divine Infinity in Greek and Medieval Thought, New York 1992.
Wolfgang Wackernagel, Ymagine denudari. Ethique de l'image et métaphysique de l'abstraction chez Maître Eckhart, Paris 1991.
Herbert Wackerzapp, Der Einfluss Meister Eckharts auf die ersten philosophischen Schriften des Nikolaus von Kues (Baeumkers Beiträge 39, 3) Münster 1962.

Anmerkungen

1   Vgl. Literaturverzeichnis.
2   Um ihr Ergebnis zusammenzuraffen: Paolo Lucentini (Lucentini, Il libro) und Zeno Kaluza (Kaluza, Comme une branche) widersprachen Françoise Hudry (Hudry, Le livre, 1989, Hudry, Liber viginti quattuor philosophorum; Hudry, Le livre 2009) in der Zurückführung des Textes auf die Antike, stellten aber wichtige Elemente der aristotelischen und der neuplatonischen Philosophie fest, wie sie durch Boethius und durch neue Übersetzungen des 12. Jahrhunderts zugänglich geworden seien. Kaluza betont die Nähe zum *Liber de causis* und die Präsenz des Johannes Eriugena. Dazu bemerke ich: Die Nähe zu Anselm von Canterbury ist wahrscheinlich, bewiesen aber ist sie nicht. Kaluzas Deutung von Spruch XIV und die Annäherung des Nichts an Johannes Eriugena ist ingeniös. Mit Eriugena verwandt ist die Relativierung des Zahlbegriffs. Vgl. dazu: Kaluza, Comme une branche und den Text in Anm. 15.
3   Ihre Ausgabe des lateinischen Textes des *Liber viginti quattuor philosophorum* im Corpus Christianorum, Continuatio Mediaevalis 143 A, Turnhout 1997 zitiere ich fortan als ‹h› mit nachfolgender Seitenangabe, ihre Arbeit *Le Livre des vingt-quatre philosophes. Résurgence d'un texte du IVe siècle*, Paris 2009 auf der Grundlage der ältesten Ausgabe (Laon 412) als ‹H› mit nachfolgender Seitenangabe.
4   Vgl. Anm. 3.
5   Er führt von den vorstellungsgebundenen Definitionen des Anfangs (I: *secundum imaginationem primae causae*; II: *per modum imaginandi ut continuum ipsam primam causam*) über die Definitionen nach *finis* (V), *per effectum* (VIII), *secundum formam* (IX) zur abschließenden *definitio ad essentiam data* (XXIV).
6   Kaluza, Comme une branche, S. 101.
7   *Imaginatio* ist nicht dasselbe wie *imago*. Das Wort ist eher mit ‹Einbildungskraft› zu übersetzen als mit ‹Bild›.
8   Nikolaus von Kues, Apologia doctae ignorantiae, Opera omnia II, hrsg. v. R. Klibansky, Leipzig 1932, S. 24, Z. 8–10: *Si incipis numerare, incipis errare*.

9 Nikolaus von Kues, Apologia doctae ignorantiae, S. 32, Z. 24–S. 33, 7. 1: *secundum considerationem infinitatis Deus neque Pater est neque Filius, quia per negationem est consideratio de Deo secundum infinitatem.*
10 Zum Thema Leben siehe Sachregister.
11 Vgl. Enders, Zum Begriff der Unendlichkeit.
12 Ich gebe die folgenden vierundzwanzig Definitionen immer zuerst in deutscher Übersetzung, dann folgt der lateinische Text in der im Mittelalter verbreiteten Fassung nach Hudry 1997, sodann die Übersetzung des alten Kommentars, zuletzt dessen lateinischer Wortlaut, ebenfalls nach Hudry 1997.
13 Die älteste Handschrift, Codex 412 der Bibliothèque municipale von Laon, gibt die Anfangsworte der Definition: *Deus est monos* (H S. 150) und betont damit Gottes Einzigkeit. H S. 24–26 erörtert den griechischen Ausdruck als Indiz der griechisch-antiken Herkunft des Textes.
14 Vgl. Anmerkung 8. Dazu: Flasch, Nikolaus von Kues, S. 391.
15 Johannes Eriugena, Periphyseon V 881 D, hrsg. v. E. Jeanneau, Corpus Christianorum. Continuatio Medievalis 165, Band V, Turnhout 2003, S. 318; in beiden Versionen: *Et quidem in ipsa nulla numerorum compositio vel confusio vel mixtura numerorum est; singuli autem suas singulares rationes in ea vi et potestate custodiunt. Quis enim recte disputantium dixerit binarium numerum vel ternarium in monade compositos esse ita ut binarius in ea bis singulis, et ternarius ter singulis subsistat? Si enim hoc fieret, non esset monas, sed multorum diversitatum et partium exaggeratio et discrepantium numerorum cumulus. Est autem monas, in qua omnium numerorum mirabili quadam adunatione fons unus manat. In ipsa ipsius binarius et ternarius unum sunt.* Bei Kaluza, Comme une branche, S. 101 Nr. 4.
16 Dazu Flasch, Meister Eckhart. Philosoph des Christentums, S. 43–46.
17 In *propositio* II h S. 7, Z. 6 scheint mir *in anima* entbehrlich.
18 Der Text der Normalfassung (= h 1997) ist schwer verständlich. Das älteste Manuskript, Laon 412, erlaubt Verbesserungen. Was ich daraus nach H S. 152 entnommen habe, ist kursiv gedruckt. In Klammern steht die Textform von h S. 7, nach der ich hier ausnahmsweise nicht übersetze.
19 Parmenides, Fragmente der Vorsokratiker 28 B 1, 28. Vgl. Platon, Timaios 30 b–31 b; Plotin, En. V 1, 10. Weitere Belege bei Mahnke, Unendliche Sphäre und Allmittelpunkt. Siehe auch Edel, ‹Unendliche Sphäre›, Sp. 1376–1379.
20 Cicero, Lucullus c. 37 § 118, hrsg. von O. Plasberg, Leipzig 1922, S. 86.
21 Cicero, De re publica, Somnium Scipionis VI 17, hrsg. von K. Ziegler, Berlin, 1988, S. 130.
22 Origenes, De principiis II 3, 6, hrsg. von H. Görgemanns und H. Karp, Darmstadt 1976, S. 318–320.
23 Text des Cusanus oben in Anmerkung 8.

24 Alle Eckhart-Zitate nach: Meister Eckhart, Die deutschen und lateinischen Werke. Hrsg. von A. Zimmermann, L. Sturlese, J. Quint und G. Steer, Stuttgart 1936 ff.

25 Meister Eckhart, Predigt 35 DW II, S. 179: «Nu sprichet er: suochet diu dinc, diu oben sint. Wa suochet man? Da Kristus gesezzen ist ze der rehten hant sines vaters. Wa sitzet Kristus? Er ensitzet niergen. Der in iergen suochet, der envindet sin niht.»

26 Kaluza, Comme une branche, S. 118.

27 Berthold von Moosburg, *Expositio super Elementationem theologicam Procli*, tit. I VI 1, hrsg. von K. Flasch und L. Sturlese, Hamburg 1984, S. 46. 324 nach Dietrich von Freiberg, *De subiecto theologiae*, der sich auf Augustinus, *Super Genesim ad litteram* VIII 9, hrsg. von J. Zycha, Wien 1913, S. 243, 25 – S. 244, 20 beruft.

28 Entscheidung vom 13. Januar 1241, hrsg. von H. Denifle und C. Chatelain, Chartularium Universitatis Parisiensis, Band I, Paris 1899, Nr. 128, S. 171: *firmiter enim credimus quod idem locus corporalis, scilicet celum empireum, angelorum et animarum sanctarum erit et corporum glorificatorum.*

29 Zum Verhältnis Dantes zum *Buch der 24 Philosophen* siehe Lucentini, Il liber viginti quattuor philosophorum. Zum Thema: Moeus, The Metaphysics of Dante's Comedy.

30 Dazu H S. 91: «les sentences peuvent se déduir les unes des autres, l'auteur insiste sur la rationalité et la cohérence des ses définitions».

31 Die Handschrift Laon 412 (H S. 156) schreibt in der These IV statt *orationem rationem*, was an Plotins ‹Eines› denken lasse, das den Nous (= *ratio*) erzeugt; statt *verbificat* schreibt sie *verificat*. Der letzte Halbsatz fehlt in ihr. Ist er eine nachträgliche Akkomodation an die theologische Sprache vom Heiligen Geist? Sie endet statt seiner mit: *Et sic est perseverans*. Ich bleibe mit meiner Übersetzung beim Text von h S. 10.

32 Johannes Eriugena gebraucht *rationes* auch in diesem objektiven Sinn, wie das Zitat oben in Anm. 15 belegt.

33 Dazu h S. 7, Z. 4; h S. 10, Z. 3; h S. 13, Z. 8; und Flasch, Meister Eckhart, S. 176, 261–263 und S. 326.

34 Dafür gibt es eine Fülle von Belegen in H; besonders S. 158–159.

35 Dieses *medio* (h S. 13, Z. 8) macht Schwierigkeiten. Ich ziehe die bezeugte Lesart vor: *in uno medio*.

36 Im alten Kommentar ist der Anfang des Satzes mit *rei creatae unitas* schwer verständlich. Das Manuskript Laon 412 (H S. 164) schreibt nicht *unitas*, sondern *illius*. Die stark interpretierende französische Übersetzung (H S. 165) versteht den Satz, als rede er von der Hinwendung der Seele zum Körper. Das scheint mir zum letzten Teil des Satzes nicht zu passen.

37 Belege: Der Kommentar zu III (III h S. 9, Z. 5) und zu XX (XX h S. 27, Z. 7).

38 Belege bei H S. 21, Z. 56–58 und S. 174.

39 Statt *deformior* (h S. 19, Z. 2) gibt nur *deiformior* einen Sinn, dazu (H S. 176 und S. 177). Statt dem *elogationem* der ‹Normalfassung› liest Laon 412 *clangationem*, wohl im Sinn von ‹Nachhall›.

40 H S. 176 Anm. 2 belegt ihn bei Marius Victorinus, Adversus Arianum II 11, 10.

41 Laon 412 lässt nicht das Nichts, sondern Gott eingekerkert sein (H S. 180 und S. 12). Wiederum scheint mir das älteste Manuskript nicht das beste zu sein. Denn der alte Kommentar redet vom Heraufholen der Sachen aus dem Nichts.

42 Auf h S. 21, Z. 7 ziehe ich mit Paolo Lucentini (Lucentini, Il libro, S. 80) und Zeno Kaluza (Kaluza, Comme une branche, S. 119 Nr. 49) statt *sphaera* die alte Lesart *semper* vor.

43 Vgl. dazu Kaluza, Comme une branche, S. 120–121.

44 Es scheint, als habe These XV kaum Anklang gefunden. Meister Eckhart zitiert sie nie. Berthold von Moosburg allerdings tut es, Propositio 188 B, hrsg. v. L. Sturlese, Hamburg 1984 f., S. 81, 9–11.
Eine Reihe von Handschriften legt nahe, in der Definition die Worte *in formam est* zu lesen als *informans*. Man könnte dann *cuius vita informans est veritas* übersetzen: ‹Gott ist das Leben, dessen gestaltgebender Weg die Wahrheit ist›.

45 Auch Manuskript Laon 412 (H S. 186) hat *nodus*; *relatio* versteht es (H S. 187) als ‹Wortwiederholung›. Der Sinn des Satzes könnte dann sein: Man versteht den Knoten bei einer Fragestellung nicht, indem man ihn wiederholt. Alte Abschreiber setzten *Deus* statt *nodus* (h S. 24, Z. 3). Ich schließe mich ihnen nicht an.

46 Liber de causis, hrsg. v. A. Pattin, in: Tijdschrift voor Philosophie (1966), XVII (XVIII), Nr. 145, S. 175: *Et similiter vita dat causatis suis motum, quia vita est processio procedens ex ente primo quieto, sempiterno, et primus motus.*

47 Textänderung von h p. 28 Zeile 4: Statt ‹deus quodammodo omnia, ipse illuminat animae›, lese ich: ‹dicitur quodammodo omnia, ipsae illuminant animam›. Unerläßlich scheint mir nur die Korrektur ‹dicitur› statt: ‹Deus›. Aber auch die anderen Vorschläge unterstützt der kritische Apparat bei h S. 28. Vgl. auch Manuskript Laon 412 H S. 194.

48 Der Kommentar zu VIII (VIII h S. 14, Z. 8–9) sagt dazu: *quanto magis te unificaveris, tanto exaltaveris et tanto elevabitur*. Zu Nicht-Wissen als Wissen bei Nikolaus von Kues: Flasch, Nikolaus von Kues. Geschichte einer Entwicklung, S. 97–120.

49 Laon 412 gibt eine bemerkenswerte Variante (H S. 11): Sie spricht von einem ‹Unbestimmten an sich›, einem *infinitum in se*, das dem göttlichen Licht gegenüberstehe.

50 Thomas von York, Teiledition der ersten drei *Propositiones* durch Hudry. Dazu: David Porreca, Hermes Trismegistus in Thomas York, in: Archives d' Histoire doctrinale et littéraire du Moyen Age 72 (2005), S. 147–275. Eine Edition und Untersuchung ist zu erwarten von Fiorella Retucci.

51 Wie schon gesagt, zählt unser Buch nicht eigentlich zum hermetischen Schrifttum. Zu diesem vgl. Festugière, La Révélation de Hermès Trismegiste, 4 Bände; Lucentini (Hg.), Hermes Latinus, 4 Bände; deutsch: Colpe/Holzhausen, Das Corpus Hermeticum, 2 Bände; dazu Kroll, Die Lehren des Hermes Trismegistos; Moreschini, Storia dell' Ermetismo cristiano; Ebeling, Das Geheimnis des Hermes Trismegistos.

52 Vgl. besonders Meister Eckhart, In Ioh. n. 604 LW III, S. 527; Sermo XLV n. 458 LW IV, S. 379 oder auch sphaera intellectualis, In Exod. n. 91 LW II, S. 95.

53 Sturlese (Hg.), Studi sulle fonti di Meister Eckhart; Flasch, Meister Eckhart. Philosoph des Christentums.

54 Meister Eckhart, In Ioh. n. 164 LW IIII, S. 135.

55 Meister Eckhart, Liber Parabolarum n. 214 LW I, S. 690: *Notandum primo quod in deo, principio omnium, est considerare duo, ut sic dicamus, puta quod ipse est esse verum, reale, primordiale. Adhuc autem est ipsum considerare sub ratione qua intellectus est. Et huius rationis proprietas altior apparet ex hoc, quod omne ens reale in natura ‹procedit ad certos fines› et ‹per media determinata› tamquam rememoratum per causa altiorem, ut ait Themistius.*

56 Meister Eckhart, In Exod. n. 16 LW II, S. 21–22: *Tertio notandum quod repetitio, quod bis ait: ‹sum qui sum›, puritatem affirmationis excluso omni negativo ab ipso deo indicat; rursus ipsius esse quandam in se ipsum et super se ipsum reflexivam conversionem et in se ipso mansionem sive fixionem; adhuc autem quandam bullitionem sive parturitionem sui – in se fervens et in se ipso et in se ipsum liquescens et bulliens, lux in luce et in lucem se toto se totum penetrans, et se toto super se totum conversum et reflexum undique, secundum illud sapientis: ‹monas monadem gignit – vel genuit – et in se ipsum reflexit amorem – sive ardorem›. Propter hoc Ioh. 1 dicitur: ‹in ipso vita erat›. Vita enim quandam dicit exseritionem, qua res in se ipsa intumescens se profundit primo in se toto, quodlibet sui in quodlibet sui, antequam effundat et ebulliat extra.*

57 Meister Eckhart, Sermo paschalis n. 1 LW V, S. 137; In Gen. n. 155 LW I, S. 305, 3; In Exod. n. 91 LW II, S. 94, 17–95, 21; In Eccles. n. 20 LW II, S. 248; In Ioh. n. 604 LW III, S. 527, auch Sermo XLV n. 458 LW IV, S. 379, 13–380. 1; Sermo LV n. 546 LW IV, S. 457, 6.

58 Meister Eckhart, In Gen. n. 155 LW I, S. 305: *deus quiescit in quolibet, in singulo opere, quod operatur in ipso universo, sic in minimo sicut in maximo, sic in uno sicut in omnibus. Ratio est quia quodlibet opus suum deus se toto agit et se toto est in illo, et iterum quia opus minimum in deo tantum et aequale est operi maximo. Propter quod doctores dicunt quod rerum inaequalium aequales sunt ideae in deo. Et hoc est quod in Libro 24 philosophorum dicitur: ‹deus est totus in quolibet sui›; et iterum: ‹deus est sphaera infinita, cuius centrum ubique est et circumferentia nusquam›; et rursus: ‹deus est sphaera, cuius tot sunt circumferentiae, quot sunt puncta›.*

59 Meister Eckhart, In Eccl. n. 20 LW II, S. 248: *Rursus tertio in divinis ‹quodlibet est in quolibet› et maximum in minimo, et sic fructus in flore. Ratio, quia ‹deus›, ut ait sapiens, ‹est sphaera› intellectualis ‹infinita, cuius centrum est ubique cum circumferentia›, et ‹cuius tot sunt circumferentiae, quot puncta›, ut in eodem libro scribitur.*

60 Meister Eckhart, In Sap. n. 90 LW II, S. 423–424: *Sensus est: quia tantum bonum est deus, ut respectu ipsius et in eius comparatione quaelibet alia, etiam omnia, nihil computantur, sicut lux stellae, quamvis lucidae, respectu solis, et decem respectu decem milium. ... Bernardus V De consideratione: ‹Quid est deus? Sine quo nihil est. Tam nihil est sine ipso quam quod nec ipse sine se esse potest. Ipse sibi, ipse omnibus est. Ac per hoc quodammodo solus ipse est, qui suum ipsius est et omnium esse›. Philosophus unus ex viginti quattuor ait: ‹deus est cuius comparatione substantia est accidens et accidens nihil›. Item: ‹deus est oppositio nihil mediatione entis›. Vult dicere quod sicut omne ens creatum excedit ipsum nihil, sic deus excedit omne ens creatum.*

61 Meister Eckhart, In Exod. n. 51 LW II, S. 279–280: *Praeterea octavo sciendum: secundum philosophum differt sensus et intellectus, quia sensus ex frequenter et magna operari fit infirmior et impotentior ad agendum, intellectus vero e converso quanto pluries et altiora intelligit, tanto fit potentior ad actum. Propter quod visus quidem semper in actu bibit quidem et edit sensibile, non autem semper sitit, quia ‹excellentiae sensibilium corrumpunt sensum›. Intelligibile autem non sic; sed vigorat intellectum tanto amplius, quanto fuerit sublimius, et ob hoc ab ipso intellectu editur et esuritur. Et hoc est quod dicit philosophus unus ex XXIV: ‹deus est amor qui plus habitus plus placet›.*

62 Meister Eckhart, In Exod. n. 35 LW II, S. 41–42: *Quantum ad primum primo accipiatur quod in De causis dicit sexta propositio: ‹causa prima superior est omni narratione›; et ibidem vicesima secunda: ‹causa prima est super omne nomen›.*

Rursus in Libro XXIV philosophorum dicitur: ‹deus est, quod solum voces non significant propter excellentiam nec mentes intelligunt propter dissimilitudinem›. Notandum autem quod in De causis dicitur deus non innarrabilis, sed ‹superior narratione›, secundum illud Psalmi: ‹magnificasti super omne nomen sanctum tuum›, et Phil. 2: ‹donavit illi nomen quod est super omne nomen›. Superius enim non est privatum perfectionibus inferiorum, sed omnes praehabet excellentius.

‹Nomen› ergo, ‹quod est super omne nomen›, non est innominabile, sed omninominabile.

63 Zum Beispiel: Berthold von Moosburg, Expositio propositio 21 F, Corpus VI, 2; hrsg. von L. Sturlese, S. 86, 374, S. 87, 388.

64 Dazu Flasch, Einleitung zu Berthold von Moosburg, S. XI–XXXVIII.

65 Berthold von Moosburg, Expositio propositio 3 B, Corpus VI 1, S. 53, 15–20. Berthold ist auf diese Unterscheidung immer wieder zurückgekommen:

prop. 5 B, S. 116, 104–108; prop. 10 A, S. 179, 78–102; prop. 203 B 1–20, S. 250–251.

66 Berthold v. Moosburg, Expositio, tit. I, Corpus VI 1, S. 46, 319–335.
67 Berthold v. Moosburg, Expositio, tit. I, Corpus VI 1, S. 47, 338–339.
68 Berthold v. Moosburg, Expositio, prop. 12 E, VI, S. 202, 196.
69 Berthold v. Moosburg, Expositio, prop. 21 D, Corpus VI 2, S. 83, 258–259.
70 Berthold v. Moosburg, Expositio, prop. 2 B, S. 84, 69–77, mit Verweis auf Avencebrol.
71 Berthold v. Moosburg, Expositio, prop. 21 F, Corpus VI 2, S. 86, 374–381.
72 Berthold v. Moosburg, Expositio, prop. 12 E, S. 203, 208–209.
73 Berthold v. Moosburg, Expositio, prop. 23 I, Corpus VI 2, S. 121, 349.
74 Berthold v. Moosburg, Expositio, prop. 98 prob. VI 4, S. 195, 144–158.
75 Berthold v. Moosburg, Expositio, prop. 178 E, Corpus VI 7, S. 196, 258–263. Auch prop. 126 A.
76 Berthold v. Moosburg, Expositio, prop. 126 A und B.
77 Berthold v. Moosburg, Expositio, prop. 123 K und 123 L.
78 Berthold v. Moosburg, Expositio, prop. 188 B.
79 Berthold v. Moosburg, Expositio, prop. 123 M.
80 Berthold v. Moosburg, Expositio, prop. 98 prob. VI 4, S. 197, 224.
81 Ausführliche Erklärung der These III in Berthold v. Moosburg, Expositio, prop. 136 A.
82 Thomas Bradwardine, De causa Dei contra Pelagium, hrsg. von H. Savilius, London 1618. Ich zitiere den von mir besorgten Nachdruck, erschienen 1964 in Frankfurt am Main.
83 Thomas Bradwardine, De causa Dei, Liber I c. 1, S. 1.
84 Thomas Bradwardine, De causa Dei, I c. 35, S. 318 C.
85 Vgl. Leff, Thomas Bradwardine's De causa Dei, S. 21–29; besonders S. 29.
86 Thomas Bradwardine, De causa Dei I c. 35, S. 309 A.
87 Thomas Bradwardine, De causa Dei, I 1, S. 27 B: A*dhuc quaeso, Philosophe, dic mihi, quid plene cognoscis?*
88 Leff, Thomas Bradwardine's De causa Dei, S. 21–29, besonders S. 29.
89 Thomas Bradwardine, De causa Dei I 1 39, S. 325 A: *Sed volunt quod (gratia) vendatur a Deo est ematur ab eis aliquo precio, licet vili.*
90 Meister Eckhart, Sermo paschalis a. 1294 Parisius habitus n. 1 LW V, S. 136–137.
91 Heinrich Denifle, Meister Eckeharts lateinische Schriften, S. 427–428.
92 Zitat nach Baeumker, Das pseudohermetische «Buch der vierundzwanzig Philosophen», S. 194–214. Der Aufsatz ist 1913 zuerst erschienen.
93 Erschienen in Halle 1937. Alle Zitate im Folgenden nach dieser Ausgabe.
94 Erschienen 1957; deutsche Übersetzung 1969 in Frankfurt am Main. Hier besonders relevant: S. 26.
95 So auch Baumgarter, Die Philosophie des Alanus ab Insulis, S. 118.

96 Mit Verweis auf Plotin III 9, 4; Dionysius Areopagita, De divinis nominibus II 11 und V 10.
97 Vgl. Wackerzapp, Der Einfluß Meister Eckharts auf die ersten philosophischen Schriften des Nikolaus von Kues, S. 140–144.
98 Françoise Hudry, Le Livre des XXIV Philosophes, traduit du Latin, édité et annoté, Grenoble 1989; dies. (Hg.), Liber viginti quattuor philosophorum, Corpus Christianorum. Continuatio Medievalis 143 A, Turnhout 1997; dies., Le livre des vingt-quatre philosophes. Résurgence d'un texte du IVe siècle, Paris 2009.
99 Hudry, Liber viginti quattuor philosophorum, S. L Nr. 156.
100 Nämlich in n. 155 LW I, S. 305, 2–7.
101 Hudry, Liber viginti quattuor philosophorum, S. LXVII–LXXXI und S. CVII sowie die Ausrufe des Professors Etienne Gaudet (um 1360) auf S. 6, S. 19 und S. 30.
102 Vgl. Ruh, Geschichte der abendländischen Mystik, Band 3, S. 41.
103 Häring, Commentaries by Thierry of Chartres and his School; und ders., Magister Alanus de Insulis, S. 97–226.
104 Chartularium Universitatis Parisiensis, Band I, Paris 1899, Nr. 11, S. 70.
105 Chartularium Universitatis Parisiensis, Band I Nr. 12, S. 71: Omnia unum, quia quicquid est, Deus est.
106 Chartularium Universitatis Parisiensis Band I Nr. 50, S. 106–107.
107 Wichtige Stellen finden sich im ersten (Sloterdijk, Sphären, Band I, v. a., S. 68–69) und zweiten Band (Sloterdijk, Sphären, Band II, v. a. S. 537–556).
108 Dazu Flasch, Aufklärung im Mittelalter?, S. 257–258.
109 Meister Eckhart, Acta Echardiana. Processus contra mag. Echardum, n. 65 (LW V, S. 599, 93–94).
110 Dionysius Areopagita, De caelesti hierarchia II 3; De divinis nominibus 7; De mystica theologia 1.
111 D'Alverny, Un témoin muet, S. 223–248, besonders S. 230 ff.